우리가 가야 할 길

우리가 가야할 길

발행일 2016년 10월 5일 초판1쇄 발행
지은이 조 종 남
발행처 도서출판 선교햇불
등록번호 제54호
등록일 1999년 9월 21일
주소 서울시 송파구 삼전동 103번지
전화 02-2203-2739 **팩스** 02-2203-2738
E-mail ccm2you@gmail.com

우리가 가야 할 길

산상수훈에서 찾아보는 그리스도인의 삶의 윤리

조 종 남

신교횃불

■ 저자의 서문

본서는 내가 학교법인 명지학원의 선교실장으로 있으면서, 매주 금요일에 드리는 직원 예배시간에 설교한 것을 새로 정리한 것입니다.

혼란하고 혼탁한 이 세대에, 매주 한 날을 정하여 함께 예배드리고 있는 직원들을 보면서, 그리스도인들이 어떠한 마음가짐과 자세를 가지고 어떻게 살아야 할까를 생각하는 가운데 예수님의 산상수훈을 주목하게 되었습니다. 모든 그리스도인이 지켜야 할 삶의 기준이요 원리를 주님께서 산상수훈에서 가르치고 계시기 때문입니다.

마태복음 5-7장에는 하나님의 나라의 시민들이 취해야 할 자세와 행동에 대한 가르침이 담겨 있습니다. 나는 내 스스로를 성찰하며 주님이 제시하신 목표를 향하여 노력하는 심정으로 산상수훈을 공부했습니다.

이미 많은 분들이 산상수훈에 대한 주석과 강해를 썼습니다. 설교를 준비하면서 그들의 도움을 받았습니다. 그

중에도 특히 존 스토트(John R. W. Stott) 박사가 쓴 책, *Christian Counter Culture*(존 스토트의 《산상수훈》, 생명의 말씀사, 2015, 5쇄), D. Martyn Lloyd-Jones의 *Studies in the Sermon on the Mount*(마틴 로이드 존스, 《산상설교》, 베드로서원, 2015), *Dallas Willad의 The Divine Conspiracy: Rediscovering Out Hidden Life in God*(달라스 윌라드, 《하나님의 모략》, 복있는 사람, 2011), William Barclay의 *The Daily Study Bible*(The Saint Andrew Press, 1968), 그리고 John Wesley의 *The Sermons of John Wesley*(《웨슬리 설교 전집》[2], 대한기독교서회, 2006)를 주로 참고하며 도움을 받았습니다. 이 책을 읽다 보면 그들의 글을 자주 인용하고 있음을 알게 될 것입니다.

그러나 내가 이 책에서 목표하는 것은 성경본문에 주의 깊게 귀를 기울이는 일이었습니다. 그리고 독자들이 성경 말씀을 통하여 예수님께서 주시는 가르침에 직면하게 되기를 희망합니다. 주님은 우리가 들은 것에 순종하기를 바라면서 말씀하셨기 때문입니다. 그리고 이는 주님의 말씀에 직면할 때만 이루어지는 것입니다. 나에게 그랬듯이 여러분에게 다가가시는 예수님의 산상수훈 말씀에 성령께서 함께 역사하시기를 기원합니다.

　이번 기회에 매주 금요일 예배시간에 함께 산상수훈을 공부한 명지학원의 직원들을 생각하며 그들에게 감사를 드립니다. 그리고 이 원고정리를 도와준 연문희 박사와 나의 사랑하는 딸 조희숙 권사, 박수진 전도사에게 그리고 출판을 맡아 주신 선교햇불의 김수곤 장로님에게 감사를 드립니다.
　이 책을 늘 곁에서 기도하며 보살펴 주는 사랑하는 딸 조희숙권사와 자부 홍진숙 권사에게 바칩니다.

저자 조 종 남

도서명의 약자표

*각주에서 인용한 책을 소개할 때, 이 약자표에 따라 책의 저자의 이름만을 표기할 것이다.

1. 스토트: 존 스토트(John R. W. Stott), *Christian Counter Culture*(존 스토트의 《산상수훈》, 생명의 말씀사, 2015, 5쇄).

2. 로이드 존스(상): D. Martyn Lloyd-Jones의 *Studies in the Sermon on the Mount*(마틴 로이드 존스, 《산상설교》[상], 베드로서원, 2015).

3. 로이드 존스(하): D. Martyn Lloyd-Jones의 *Studies in the Sermon on the Mount*(마틴 로이드 존스, 《산상설교》[하], 베드로서원, 2015).

4. 윌라드: Dallas Willad, *The Divine Conspiracy: Rediscovering Out Hidden Life in God*(달라스 윌라드, 《하나님의 모략》, 복있는 사람, 2011).

5. Barclay: William Barclay, *The Daily Study Bible* vol.1.(The Saint Andrew Press, 1968).

6. 웨슬리: John Wesley, *The Sermons of John Wesley*(《웨슬리 설교 전집》[2], 대한기독교서회, 2006).

7. 김화영: 김화영, 《팔복》, 나다북스, 2015.

8. 유재명: 유재명, 《팔복》, 두란노, 2012.

9. 이정익: 이정익, 《팔복》, S 포럼, 2013.

| 차 례

산상수훈에 대한 서론

마태복음 5, 6, 7장에 있는 예수님의 교훈은 예수님께서 제자들을 선택하신 후, 그들에게 주신 엄중한 교훈입니다. 이를 우리는 '산상수훈'이라고 합니다. 누가복음(눅 6:13 이하)을 보면 더 분명하지만, 이 교훈은 예수님께서 제자들을 선정하시고 그들에게 중요한 사명을 맡김에 있어 하신 교훈입니다. 그리하여 어떤 학자들은 이 산상수훈을 'The Ordination Address to the Twelve.'라고도 부릅니다. 제자들이 하나님의 일을 시작함에 있어 꼭 알아야 할 것을 교훈하고 계시다는 것입니다. 따라서 이 산상수훈에는 예수님의 가르침의 핵심(essence)이 들어 있습니다.

예수님은 이스라엘의 갈릴리 바다 북쪽에 있는 산에서 팔복을 가르치셨습니다. 그래서 이 산을 팔복산이라고 부릅니다. 그 팔복산 위에는 팔복정(건물)이 지어져 있습니다. 이 건물은 여덟 모 나게 지어졌습니다. 그 예배당 안에 들어가 보면 높은 천정이 여덟 모로 놓였는데, 한 면마다 여덟 가지 복을 하나씩 기록하였습니다. 이를 보아서도 주님이 말씀하신 이 교훈이 매우 중요하게 여겨 왔다는 것을 알 수 있습니다.

　본문으로 돌아와서, 마태의 소개하는 말에 주의를 기울여 보십시다. 마태는 산상수훈의 처음을 이렇게 시작합니다.

　"예수께서 … 앉으시니 … 입을 열어 가르쳐 이르시되 … 복이 있나니"

　그 당시 랍비들은 중요한 사안은 앉아서 말했습니다. 그런데 마태는 예수님께서 "앉으셨고", "입을 열어 가르치셨다"고 기록했습니다. 이러한 표현은 정중하다는 의미입니다. 마태는 산상수훈을 대단히 중요한 것으로 설명하고 있는 것입니다.

　"가르쳐 이르시되(taught them saying)"

　헬라어의 과거를 말하는 동사 형태에는 두 가지가 있습니다. 하나는 단순과거 시제(Aorist tense)요, 또 하나는 미완료시제(Imperfect tense)입니다. 전자는 단번에 그리고 완결되었다는 것을 나타내며, 후자는 과거에 반복적이거나 계속적이었던 행동을 나타냅니다. 그런데 여기서 마태는 가르쳤다는 과거형을 미완료시제(imperfect tense)로 표현했습니다. 이 말은 예수님께서 반복적으로 그렇게 가르치셨다는 것을 나타냅니다. 그러므로 산상수훈은 예수님께서 반복하여 제자들에게 가르치신 요점을 마태가 정리하여 수록한 것

으로 이해할 수 있다고 바클레이 박사는 지적합니다.[1]

그러나 산상수훈이 예수님이 다양한 상황에서 하신 말씀을 종합해 놓은 것이라고 보기는 어렵습니다. 왜냐하면 마태복음과 누가복음은 그 자료를 예수 그리스도의 설교로 제시하며, 독자들에게 그렇게 이해시키려는 것으로 보이기 때문입니다. 마태와 누가는 예수님이 그것을 산 위에서 전하셨다고 지리적 배경을 말하고 있습니다. 그러기에 예수님께서 산에서 제자들을 모아놓고 가르치신 것을 정리한 것으로 추정됩니다. 그러므로 어거스틴이 말한 대로, 이 교훈을 우리는 '우리 주님의 산상수훈'이라고 믿는 것입니다.[2] 이 교훈이야말로 예수님께서 그 마음에 있는 모든 것을 제자들에게 공적으로 말씀하신 것이라 할 수 있습니다.

산상수훈의 내용

주님께서는 마태복음 5장 1-12절에서 8복을 비롯하여 천국민의 기본 특성을 말씀하셨습니다. 그리고 5장 13절~7장 12절에서 본론을 말씀하셨습니다. 예수님이 제시하는 새 규정(new standard)은 율법의 정신에 따라 율법을 완전케

---

1) Barclay, 80.
2) 스토트, 9-20.

하는 것이라고 하시면서, 몇몇 구체적인 예를 이야기하셨습니다. 살인, 간음, 이혼, 맹세, 무저항(복수하지 말 것), 사랑, 기도 등에 대하여 설명하셨습니다.

그 다음 마태복음 7장 13-27절에서는 결론적으로 좁은 문과 넓은 문의 비유, 거짓 선지자에 대한 경계, 반석 위의 집과 모래 위의 집의 비유(24-29절)를 통해, 이상에서 주어진 그리스도의 천국 복음에 대한 산상수훈을 받아들이는 사람들에게 임할 축복과 그렇지 않는 자에게 임할 저주에 대해 보여주고 있습니다.

산상수훈은 누구를 위한 것입니까?

세대주의자들은 "사람이 이 땅 위에서 이런 것을 지킬 수 있겠는가? 이는 하나의 이상이요, 하늘나라 곧 예수님이 재림하신 후에야 이루어질 것이다."라고 말합니다. 천주교에서는 이는 주님께서 12 제자에게 주셨듯이 오늘날의 성직자들과 수도사들에게 요구되는 도덕 규준이라고 합니다. 루터는 이런 이상 앞에서 성도는 하나님의 은총을 간구하도록 하기 위하여 주신 것이라고 합니다.

개혁주의자들은 산상수훈의 교훈은 모든 그리스도인이 지켜야 할 삶의 기준이며 원리라고 믿습니다. 그리스도인은 이미 하나님의 나라에 속한 자들이기 때문입니다.

결국 이 산상수훈은 예수님이 기대하시는 그의 제자들, 곧 하나님의 나라의 시민들이 취해야 할 행동을 묘사하고 있는 것[3]으로서 이는 사도들만이 아니라 주님께 나와 교훈을 받고자 하는 모든 사람을 위한 것입니다.[4]

따라서 모든 신자들은 그 수준을 목표로 하고 노력해야 합니다. 하나님의 은총을 의지하며 완전한 지경으로 나가도록 노력해야 합니다.

---

3) 스토트, 21.
4) 웨슬리, 71-72.

산상수훈(1)
심령이 가난하고 애통하는 자
| 마태복음 5장 1-4절 |

"예수께서 무리를 보시고 산에 올라가 앉으시니 제자들이 나아온지라 입을 열어 가르쳐 이르시되 심령이 가난한 자는 복이 있나니 천국이 그들의 것임이요 애통하는 자는 복이 있나니 그들이 위로를 받을 것임이요"(마 5:1-4)

주님이 말씀하시는 8복의 각항에 들어가 살펴보기로 합시다.

1. 심령이 가난한 자는 복이 있다고 말씀합니다.

"심령이 가난한 자는 복이 있나니 천국이 그들의 것임이요"(마 5:3).

여기에서 가난하다는 것은 물질적인 가난을 말하는 것이 아닙니다. 하나님은 사람이 경제적으로 가난하게 살기를 원하시지 않습니다. 일용한 양식을 구하라고 하신 주님이 아니십니까? 본문에 사용된 헬라어는 '프토코스'(πτωχός)로서, 세속적인 가난을 말하는 '페네'(πένε)라는 말과 구분됩니다. 소위 '가난하다'라고 일컫는 경우라도, 어느 정도는 소유하고 있는 그 무언가를 갖고 있지 않습니까? 그런데 이 '프토코스'(πτωχός)라는 말은, 아무것도 없는 상태를 의미합니다.

사람이 그렇게 될 수 있습니까? 전혀 아무것도 없는 사람이란 세상적으로 생각할 때 불가능합니다. 사람은 모두가 자기를 자랑합니다. 자신에게 능력이 있고 무엇이든지 할 수 있다고 생각합니다. 그러나 사람이 하나님 앞에 서게 될 때, 비로소 자기의 가난함을 인식하게 됩니다. 그리고 모든 것을 내려놓고 온전히 하나님께 의탁하게 됩니다. 심령이 가난한 사람이란 바로 이런 사람입니다.

바울을 보십시오. 그는 예수를 만나기 전에는 자기의 자랑과 확신으로 가득 채워져 있던 사람이었습니다. 그리하여 이를 바탕으로 자신의 지식을 자랑하고 많은 그리스도인들을 박해했습니다. 세상에서 그는 존경을 받았습니다. 그러나 그가 예수를 만난 뒤에는 자신의 그런 모든 것을 배설물로 여기며 자신은 아무것도 아니라고 고백했습니다(빌 3:8). 심령이 가난한 자가 되었습니다. 우리는 하나님 앞에서 자신을 보아야 합니다.

더 나아가, 우리가 하나님 앞에 설 때에야, 자신이 아무것도 아닌 것을 느끼는 동시에 자신이 죄인이라는 것을 고백하게 됩니다. 구약의 이사야를 보십시오. 그는 거룩하신 하나님의 환상을 보면서 "나는 입술이 부정한 사람이요"(사 6:5)라고 고백했습니다. 자기가 아무것도 아님을 깨달은 것입니다. 베드로를 보십시오. 그의 성격을 보면 그는 선천적으로 자기주장이 강한 사람이요 공격적인 인물로 보입니다. 하지만 예수님을 뵈올 때 그는 겸손해졌습니다. 그리하여 그는 "주여 나를 떠나소서 나는 죄인이로소이다"(눅 5:8)라고 고백했던 것입니다.

하나님의 거룩하심에 직면하게 되는 인간은 자기 속에 선한 것이란 없고, 악하고 가증스러운 것 밖에 없음을 느끼게 됩니다. 예수님이 말씀하셨듯이, "마음에서 나오는 것은 악한 생각과 살인과 간음과 음란과 도둑질과 거짓 증언과 비방이"(마 15:19) 아닙니까? 인간은 이런 죄 된 것으로 인해 죄책감을 느낍니다. 거기에 따라오는 하나님의 형벌에 대한 두려움이 있습니다. 그러기에 심령이 가난한 자는, 웨슬리가 말하는 대로 "자신을 알고, 자신의 죄를 깨닫고, 그리스도에 대한 믿음을 가지기 전에 회개하는 심정을 갖는 자"입니다.

우리는 하나님 앞에 회개(悔改)하는 심정을 품어야 합니다. 그리고 그러한 사람은 천국의 복을 누리게 될 것입니다. 왜냐하면 하나님은 이사야 선지자가 "지극히 존귀하며 영원히 거하시며 거룩하다 이름하는 이가 이와 같이 말씀하시되 내가 높고 거룩한 곳에 있으며 또한 통회하고 마음이 겸손한 자와 함께 있나니 이는 겸손한 자의 영을 소생시키며 통회하는 자의 마음을 소생시키려 함이라"(사 57:15)고 증언하였듯이, 거룩하신 하나님이시지만 동시에 회개하는 심령에 함께하시는 하나님이시기 때문입니다.

여러분, 자기의존의 심정이 아니라 하나님 앞에 형벌을 받을 수밖에 없는 죄인임을 깨닫고 회개하기를 바랍니다. 그러할 때 하나님으로부터 용납되어 하늘나라에 들어가 복을 누리게 될 것입니다. 하나님의 나라에 들어가는 길(구원의 길)은 죄를 회개하고 복음을 믿는 길 밖에 없습니다.

사랑하는 여러분, 모름지기 성도는 하나님 앞에 서서 자기를 보는 자라야 합니다. 우리도 하나님 앞에서 자신을 보고 자신의 가난함을 인식하는 자세를 가지고 살아야 합니다. 이런 사람이 복이 있다고 하셨습니다. 여기에서 말하는 복은 한국 사람들이 생각하는 복과는 다릅니다. 대개 한국 사람들에게 복이란 장수, 부귀, 곧 부한 것과 높은 지위를 차지하는 것, 그리고 자녀를 많이 두는 것 등을 의미합니다. 그러나 이런 복은 결코 영원한 것이 될 수 없습니다.

주님이 말씀하시는 '복'은 질적으로 다른 것임을 알아야 합니다. 이는 헬라어에 '마카리오스'(μακάριος, μακάρια)로 표현되는 것으로 '고귀한 기쁨'을 의미합니다. 세상의 변화나 상황이 영향을 줄 수 없는 영원한 기쁨, 그 비결을 그 안에 가지고 있는 기쁨을 말하는 것입니다. 정말 아무나 빼앗을 수 없는 기쁨을 말합니다(요 16:22).

이것이 하나님이 주시는 복입니다. 그리고 이것이 하늘나라의 특성이요, 하늘나라에서 체험할 수 있는 은혜입니다. 성경은 말씀합니다. "하나님의 나라는 먹는 것과 마시는 것이 아니요 오직 성령 안에 있는 의와 평강과 희락이라"(롬 14:17). 우리 모두가 이러한 복을 누리게 되기를 바랍니다.

2. 애통하는 자가 복이 있다고 말씀합니다.

"애통하는 자는 복이 있나니 그들이 위로를 받을 것임이요"(마 5:4).

이는 매일 슬퍼해야만 복이 있다는 뜻이 아닙니다. 기뻐
하면 복이 없다는 말도 아닙니다. 이 말씀은 앞에 있는 말
씀, 곧 심령이 가난한 자가 복이 있다는 것과 연결시켜 나
온 말입니다. 위에서 설명하였듯이, 심령이 가난한 자는 하
나님 앞에서 자기를 보고, 자신이 죄인인 것을 절감합니다.
죄로 인하여 어떠한 생활을 해왔는지 생각하는 인간은 깊은
절망과 처절한 슬픔을 금할 수가 없습니다. 애통하게 됩니
다.

이때에 우리가 어떻게 해야 할까요? 이러한 자기 상태를
망각함으로 해결을 구할까요? 비통해 하며 술에 취해 살아
야 할까요? 어떻게든 이를 해결할 능력을 나는 갖고 있다고
위로하며 어떻게든 해결해내려고 노력할까요? 바로 여기
에서 우리는 예수님의 말씀을 듣게 됩니다. "애통하는 자는
복이 있나니, 그들이 위로를 받을 것임이요"(마 5:4).

곧 애통하는 마음으로 회개해야 한다는 말씀입니다. 그래
야 위로를 받게 된다는 것입니다. 회개하는 자의 죄를 하나
님께서 용서하시기 때문입니다. 이것이 복된 것입니다. 회
개는 괴롭고 애통하는 과정이지만 이것을 통하여 진정한 위
로를 받을 수 있습니다. 이는 얼핏 듣기에는 모순되는 말

같으나 진리입니다. 역설적 진리 가운데 하나입니다. 회개의 눈물은 위로를 허락합니다. 용서에 대한 감격으로 위로를 받습니다.

베드로는 예수를 부인한 후에, 자기의 범죄함에 대하여 후회하며 심히 통곡했습니다(마 26:75). 그렇게 함으로써 위로를 받았습니다. 이것이 오늘의 베드로를 만든 것입니다. 이사야도 "화로다 나여 망하게 되었도다 나는 입술이 부정한 사람이요"(사 6:5) 하며 탄식하고 애곡했습니다. 하나님은 애통하며 회개하는 자를 구원하십니다. 성경을 보십시오.

"여호와는 마음이 상한 자를 가까이 하시고 충심으로 통회하는 자를 구원하시는도다"(시 34:18).

"하나님께서 구하시는 제사는 상한 심령이라 하나님이여 상하고 통회하는 마음을 주께서 멸시하지 아니하시리이다"(시 51:17).

하나님께서 구하시고 하나님께서 받으시는 제사는 상한 심령입니다. 이러한 시편의 말씀은 다윗의 체험에서 나온 고백입니다.

애통하는 마음으로 회개하기를 바랍니다. 주님께서 구원하실 때 그 애통함은 위로와 기쁨의 감격으로 바뀝니다. 주님이 말씀하십니다. "네 악이 제하여졌고 네 죄가 사하여졌느니라"(사 6:7).

더 나아가, 이 말은 남들이 지은 죄 때문에 애통하는 자를 향합니다. 예수님은 감람산에서 예루살렘을 보시고 탄식하며 통곡하셨습니다. "예루살렘아 예루살렘아 … 암탉이 그 새끼를 날개 아래에 모음 같이 내가 네 자녀를 모으려 한 일이 몇 번이더냐?"(마 23:37 참조). 주님께서는 십자가를 지시고 골고다로 올라가실 때에 자기를 따라오면서 우는 여인들을 향하여 "나를 위하여 울지 말고 너희와 너희 자녀를 위하여 울라"(눅 23:28)고 하셨습니다.

바울도 동족의 죄와 구원을 위하여 애타게 기도했습니다. "나의 형제 곧 골육의 친척을 위하여 내 자신이 저주를 받아 그리스도에게서 끊어질지라도 원하는 바로라"(롬 9:3).

여러분, 나의 죄뿐 아니라, 가족, 동족의 죄를 위하여 애통하며 기도하는 모두가 되기를 기원합니다.

그에게 하나님의 위로가 있을 것입니다. 여기서 '위로'라는 말은 헬라어로 '파라칼레오'(παρακαλέω)인데, 하나님께서 자기의 곁으로 불러주신다는 뜻입니다. 우리가 회개하며 애통하면 성령께서 오셔서 우리에게 위로를 주실 것입니다.

하나님은 죄의 운명을 타고난 우리를 그의 곁에 설 수 있도록 불러주실 것입니다. 그러므로 우리는 복을 받으며 진정한 위로를 받을 것입니다. 아멘!

온유한 자는 복이 있나니

마태복음 5장 5절

"온유한 자는 복이 있나니 그들이 땅을 기업으로 받을 것임이요"
(마 5:5)

　"온유한 자는 복이 있다"는 말은 세상의 관점에서 볼 때
는 보편적이지 않은 내용일 수 있습니다. 세상의 사람들은
오히려 "강포한 자가 세계를 정복할 것"이라 응수해 올 지
도 모릅니다. 그러나 주님은 분명히 마음이 온유한 자가 땅
을 차지할 것이라고 말씀하십니다. 시편 37편 11절에도 "그
러나 온유한 자들은 땅을 차지하며 풍부한 화평으로 즐거워
하리로다"라고 했습니다. 여러분이 바로 온유한 자가 되시
기를 기원합니다. 성경을 보면 "온유"는 성령의 열매 중의
하나이기도 합니다(갈 5:23).

온유한 자는 어떤 사람입니까?

헬라어에 '온유'는 '프라우스'(πραΰς)로 표현되어 있습니다. 이 말은 헬라에서 윤리적인 의미를 가진 언어로서, 아리스토텔레스가 프라우스(πραΰς)에 대하여 많이 언급하고 있습니다. 이 말은 '중용'을 가리킵니다. 양 극단을 피하는 것입니다. 그러기에 이 말은 happy medium을 가리키는 것입니다. 이는 다른 의미에서 겸손을 가리킨다고 볼 수 있습니다.[1]

1. 온유한 자는 곧 예수의 마음을 품는 자입니다.

성경에서 볼 때 이는 곧 예수님의 마음을 연상시킵니다. 마태복음 11장 28-29절에서 예수님은 말씀하십니다. "수고하고 무거운 짐 진 자들아 다 내게로 오라 내가 너희를 쉬게 하리라 나는 마음이 온유하고 겸손하니 나의 멍에를 메고 내게 배우라 그리하면 너희 마음이 쉼을 얻으리니"

예수님의 마음은 온유(meek, gentle)합니다. 예수님께서 한 번은 갈릴리에서 예루살렘으로 올라가실 때에 사마리아의 한 동네를 지나가시게 되었습니다. 그 동네에 들어가니 동네 사람들은 예수님이 유대 사람인 줄 알고 영접하지 않

---

1) Barclay, 90.

았습니다. 그것을 본 요한과 야고보가 매우 격노해서 이런 사람들을 하늘로부터 불을 내려서 전멸시키자고 주님께 말했습니다. 그 때 주님께서는 두 제자를 책망하시고 아무 말도 없이 다른 동네로 가셨다고 기록하고 있습니다.[2] 예수님의 온유하신 성품과 온유하신 생활을 문자 그대로 보여 주는 장면입니다.

2. 온유한 자는 하나님께 대해 겸손합니다.

온유한 자는 예수님에게서 보듯이, 하나님의 경륜에 대하여 불평하지 않습니다. 반항하지도 않습니다. 자포자기도 하지 않습니다. 낙심하지도 않습니다. 심령의 가난함과 애통함을 거쳐서 하나님의 뜻이라면 무엇이든지 받아들입니다. 그리고 어떠한 환경을 당하든지 하나님께 모든 것을 의탁하고 하나님이 자기를 다스리도록 내드립니다. 온유함이란 바로 이런 자세를 의미합니다.

애굽의 총리가 된 요셉도 온유한 자의 한 예라고 생각됩니다. 요셉은 억울한 일을 당했으나 하나님께 대하여 불평과 원망 없이 자신이 처한 자리에서 순종하고 자기의 할 바를 다했습니다.

---

2) 누가복음 9:53-56.

3. 온유한 사람은 다른 사람에 대해서도 온유, 겸손 합니다.

온유한 사람은 다른 사람을 부드럽게 대합니다. "유순한 대답은 분노를 쉬게 한다."[3]고 기록된 말씀이 이를 잘 표현합니다. 또한 온유한 사람은 다른 사람에게 겸손합니다. 온유와 겸손은 한 쌍둥이와 같기 때문입니다.

뿐만 아니라 온유한 사람은 사람에 대하여 인내합니다. 성날만한 일이 있어도 참고, 괴로운 일이 있어도 참고, 나를 중상하는 사건이 생겨도 참고, 나를 여러 가지로 모략하고 괴롭히는 자에 대해서도 온유한 사람은 원수 갚을 생각을 하지 않습니다. 더 나아가, 그들을 용서합니다.

이러한 모든 태도들이 바로 예수님께서 드러내신 성품이 아니겠습니까?

4. 주님은 온유한 사람은 복이 있고 땅을 기업으로 얻을 것이라고 말씀하십니다.

이 말도 모순이 있는 듯 들립니다. 강한 자가 이기며, 강한 자가 땅을 차지할 것이라고 이 세상은 말하고 있기 때문

---

3) 잠언 15:1.

입니다. 우리가 잘 아는 '약육강식'(弱肉强食)이라는 말도 약한 것이 강한 자에게 먹힌다는 뜻입니다. 그러나 진리는 그렇지 않습니다. 온유한 것이 강한 것을 이깁니다. '유능승강'(柔能勝强)이라는 말을 아십니까? 부드러운 것이 오히려 강한 것을 능히 이긴다는 뜻입니다.

강한 바람과 태양의 내기에 대한 '이솝의 우화(寓話)'를 기억합니다. 지나가는 사람의 모자와 외투를 누가 벗기는가에 대한 내기에서, 먼저 바람이 나섰습니다. 그런데 강한 바람을 불면 불수록 그 사람은 모자와 외투를 벗기기는커녕 더 꽁꽁 싸매는 것이었습니다. 그러나 태양이 따뜻한 햇볕을 비추자 그 사람은 결국 저절로 모자와 외투를 벗었다는 내용의 우화입니다.

또 나폴레옹의 이야기가 기억납니다. 그는 전 유럽을 정복했으나 말년에 세인트헬레나라고 하는 작은 섬에 유배 가는 운명이 되었습니다. 그 때 그가 남겼던 말이 우리의 가슴에 감동을 일으킵니다. "나는 칼로써 온 유럽을 정복했지만 결국은 실패하였다. 그러나 예수 그리스도는 온유한 마음 곧 십자가의 사랑으로 온 인류를 정복하였다."

생물계의 역사에도 이와 관련한 현상이 있습니다. 우리는 흔히 말하기를 강한 자만이 살아남는다고 하는데, 이에 대하여 약육강식(弱肉强食), 적자생존(適者生存), 자연도태

(自然淘汰) 등으로 표현합니다. 그런데 자세히 살펴보면 강한 짐승들은 사라지고 약해 보이는 것들이 살아남는다는 사실이 관찰됩니다. 맘모스와 공룡 같은 큰 짐승들이 지구 위에서 사라진 것도 그 일례라고 할 수 있습니다.

인류 역사도 이와 비슷합니다. 이리와 같이 무섭던 독재자 히틀러, 무솔리니, 스탈린 등은 세계를 정복하지 못했습니다. 온유한 자가 결국은 세계를 얻을 것입니다. 이런 사실들은 영원한 진리를 상징적으로 가리키고 있습니다. 곧 영원한 땅, 하늘나라는 하나님과 사람들 앞에서 온유한 자, 겸손한 자가 차지하게 될 것이라는 진리입니다. 예수의 마음을 본받아 온유한 자가 되시기를 바랍니다.

5. 주님은 온유한 자가 땅을 기업으로 받을 것이라고 말씀하십니다.

온유한 자가 땅을 기업으로 받는다는 것은 무슨 뜻입니까? 이에 대하여 로이드 존스 박사는 말하기를, 참으로 온유한 사람은 항상 만족을 느끼고 살기 때문에 이미 땅을 받은 것이라고 했습니다. 그는 이미 만족하고 있는 사람입니다.[4]

---

4) 로이드 존스(상), 88.

온유한 사도 바울의 고백을 들어 봅시다.

"근심하는 자 같으나 항상 기뻐하고 가난한 자 같으나 많은 사람을 부요하게 하고 아무 것도 없는 자 같으나 모든 것을 가진 자로다"(고후 6:10).

"나는 비천에 처할 줄도 알고 풍부에 처할 줄도 알아 모든 일 곧 배부름과 배고픔과 풍부와 궁핍에도 처할 줄 아는 일체의 비결을 배웠노라 내게 능력 주시는 자 안에서 내가 모든 것을 할 수 있느니라"(빌 4:12-13).

사도 바울은 장래에 대한 소망으로 가득 찬 사람입니다. 그의 말을 들어 보시기 바랍니다.

"성령이 친히 우리의 영과 더불어 우리가 하나님의 자녀인 것을 증언하시나니 자녀이면 또한 상속자 곧 하나님의 상속자요 그리스도와 함께 한 상속자니 우리가 그와 함께 영광을 받기 위하여 고난도 함께 받아야 할 것이니라 생각하건대 현재의 고난은 장차 우리에게 나타날 영광과 비교할 수 없도다"(롬 8:16-18).

그러니 사도 바울은 이미 이 세상에서 땅을 얻은 사람입니다.

웨슬리는 "땅을 기업으로 받을 것이다"라는 말에 더 깊은 뜻이 있다고 했습니다. 곧 여기에는 그들이 장차 "의가 거하는 새 땅에서 그들은 그리스도와 함께 천년 동안 왕 노릇을 하게 될 것"이라는 뜻이 포함되어 있다는 것입니다.[5] 이 얼마나 놀라운 은혜입니까?

6. 그러므로 우리는 온유한 자가 되어야 합니다.

사도 바울은 말씀합니다.

"아무 일에든지 다툼이나 허영으로 하지 말고 오직 겸손한 마음으로 각각 자기보다 남을 낮게 여기고 각각 자기 일을 돌볼뿐더러 또한 각각 다른 사람들의 일을 돌보아 나의 기쁨을 충만하게 하라 너희 안에 이 마음을 품으라 곧 그리스도 예수의 마음이니 그는 근본 하나님의 본체시나 하나님과 동등됨을 취할 것으로 여기지 아니하시고 오히려 자기를 비워 종의 형체를 가지사 사람들과 같이 되셨고 사람의 모양으로 나타나사 자기를 낮추시고 죽기까지 복종하셨으니 곧 십자가에 죽으심이라 이러므로 하나님이 그를 지극히 높여 모든 이름 위에 뛰어난 이름을 주사 하늘에 있는 자들과 땅에 있는 자들과 땅 아래에 있는 자들로 모든 무릎을 예수의 이름에 꿇게 하시고 모든 입으로 예수 그리스도를 주라 시인하여 하나님 아버지께 영광을 돌리게 하셨느니라"(빌 2:3-11).

---

5) 웨슬리, 95.

산상수훈 (3)
의에 주리고 목마른 자는 복이 있나니
마태복음 5장 6절

"의에 주리고 목마른 자는 복이 있나니 그들이 배부를 것임이요"
(마 5:6)

여기에서 주님은, 복 있는 사람은 의(義)에 대하여 주리고 목마른 사람이라고 말씀하십니다.

우리 주님은 지금까지 참된 종교의 방해물을 제거하는 일에 대해 말씀하여 왔습니다. 즉 모든 종교생활에 큰 걸림돌이 되는 교만을 심령의 가난함으로 극복할 수 있게 하시고, 경솔하고 사려 깊지 못한 것을 성스러운 애통으로 제거하게 하시고, 분노와 조급한 마음과 불안을 온유로 시정하게 하셨습니다.

그리고 이제 하나님이 심어 주신 순결한 갈망이 솟아나 의에 주리고 목마른 자가 된다는 것입니다.

그러면 여기에서 말하는 '의'는 무엇입니까? 로이드 존스가 말했듯이 이는 바로 '하나님 앞에서 의로움을 받는 것'입니다. 더 나아가 적극적으로 성결해지기를 소원하는 것입니다. 따라서 의에 주리고 목마른 행위는 궁극적으로 온갖 형태의 죄에서 해방되고자 하는 욕구를 의미합니다.[1] 다른 말로 표현하면, 이것은 그리스도의 의로 성도들의 모든 죄가 해소되어 하나님과의 화해가 이룩되는 것입니다. 그리고 더 나아가 이것은 거룩한 마음 곧 하나님의 형상입니다. 곧 그리스도 안에서의 새사람입니다.[2] 이것이 의입니다.

그렇다면 "의에 주리고 목마른 사람들이 복이 있다"고 하신 주님의 말씀에서 "주리고 목마르다"는 것은 어떤 상태를 말하는 것입니까? 바클레이(Barclay) 박사가 지적하는 대로,[3] 이것은 예수님이 말씀하시던 당시 사회 상황 배경에서 이해해야 합니다. 요즘처럼 먹을 것이나 마실 것이 풍족한 현실에서 음식에 주리고 목마르다는 말은 그리 심각한 느낌

---

1) 로이드 존스(상), 96, 99.
2) 웨슬리, 258-259.
3) Barclay, 94.

을 주지 않습니다.

그러나 그 당시 팔레스타인에서 노동자들은 일주일에 고기를 겨우 한 번 정도 먹을 수 있었고, 하루 노동하여 하루 연명할 정도였다고 합니다. 팔레스타인 지역에서 물이 귀하다는 것은 너무나 잘 알려진 사실입니다. 그러니까 그러한 배경에서 '주린다', '목마르다'는 표현은 현대 사회에서 아침 후에 커피 시간이 되면 출출하다는 그런 느낌을 말하는 것이 아니라, 당장 먹거나 마시지 않으면 죽는다는 절박한 상황을 묘사하는 것입니다. 그럴 때에 우리는 주리고 목마르다는 것이 얼마나 간절한 상황인가를 이해할 수 있게 됩니다.

주림과 목마름은 그것이 만족되기까지 계속되는 것입니다. 이와 같은 목마름에 대하여 시편 기자는 다음과 같이 표현하고 있습니다. "하나님이여 사슴이 시냇물을 찾기에 갈급함 같이 내 영혼이 주를 찾기에 갈급하니이다 내 영혼이 하나님 곧 살아계시는 하나님을 갈망하나니 내가 어느 때에 나아가서 하나님의 얼굴을 뵈올까"(시 42:1-2).

그러면 우리는 의를 얼마나 간절히 욕망하고 있습니까? 주님은 여러 가지 욕망을 구하기 전에 의(義)를 구하라고 말씀하십니다.

주리고 목마른 자들에게 약속된 것은 무엇입니까? 그들이 배부를 것이라고 하셨습니다. 왜냐하면 그들의 욕구는 다 충족 될 것이기 때문입니다.

여러분이 의에 주리고 목마른가를 살펴보십시오. 의에 주리고 목마른 사람은 그 의를 위하여 가난한 심령으로 철저하게 자신의 무능을 인정하고 하나님의 은총을 의존하는 사람입니다. 우리가 우리 속에 가지고 있는 그 어떤 것으로 인해 만족감을 가지고 있는 한, 우리는 의에 주리고 목말라 있는 것이 아닙니다. 사도 바울을 보십시오. 그는 그리스도를 알기 위하여 자기가 지금까지 성취한 모든 놀라운 일들을 해로 여길 뿐 아니라 배설물로 여기고 다 포기했습니다 (빌 3:7-8).

그러면서 회개와 믿음으로 기도하며 사모해야 합니다. 여러분은 자신의 죄를 회개하며 주님께서 여러분의 죄를 위하여 십자가에서 돌아가셨음을 믿어야 합니다. 그 때 여러분은 죄에서 용서를 받습니다. 그리하여 하나님 앞에서 의롭다 인정을 받습니다. 이 일은 여러분이 믿는 순간 즉각 일어납니다. 할렐루야!

더 나아가 성령으로 거듭난 우리 속에는 성령께서 성결케 하는 사역을 시작하십니다. 우리는 그의 권고에 따라, 신자 안에 아직도 남아 있는 죄(내재적인 죄)에서 씻음을 받기 위하여 내재적인 죄에 대하여 회개하며, 하나님의 성결케 하는 은혜를 믿음으로 받아들여야 합니다. 그 때 우리는 성결의 은혜를 받게 됩니다. 그 후에도 우리는 계속하여 주리고 목마름으로, 하나님의 은혜를 힘입어 성결한 은혜를 유지해야 합니다. 그렇게 할 때 여러분의 목마름은 채워질 것입니다. 할렐루야!

산상수훈 (4)

긍휼히 여기는 자는 복이 있나니

마태복음 5장 7절

"긍휼히 여기는 자는 복이 있나니 그들이 긍휼히 여김을 받을 것임이
요"(마 5:7)

산상수훈의 8가지 복은 서로 연결되어 있습니다.

먼저 마음이 가난한 자, 곧 자기를 의지하지 않고 하나님
을 의지하여 죄를 애통하며 회개하는 자가 위로를 받으며
하나님의 나라에 들어갑니다.

그러한 사람(하나님의 백성)은 온유한 마음을 가져야 합
니다. 곧 예수의 마음을 가져야 합니다. 그리고 의(義)에 주
리고 목마른 자가 되어야 합니다. 이런 사람이 하나님의 복
을 받을 것입니다.

그리고 이제 다섯 번째의 복을 주님은 말씀하십니다. "긍

휼히 여기는 자는 복이 있나니 그들이 긍휼히 여김을 받을 것임이요"

1. 긍휼히 여긴다는 것은 무엇을 의미합니까?

여기에서의 "긍휼히 여긴다"는 말의 헬라어 원어는 '엘레에 몬'(ἐλεήμων)에서 온 것으로, 이는 그저 동정하는 마음을 갖는 것에 그치지 않고 그 사람 속에 들어가 함께 감정을 나누며 공유하는 의미입니다. 그러므로 이는 용서와 관용, 사랑으로 이어집니다.

그러므로 이 자비(긍휼)는 용서를 의미합니다. 이것이 바로 하나님께서 우리에게 자비를 베푸시고 우리 죄를 용서하신 데서 드러나는 긍휼입니다. 하나님은 정말 자비로우신 하나님 아버지이십니다.

예수님은 누가복음 15장 11절 이하에 있는 탕자의 비유를 통하여 하나님의 인간을 향한 그의 긍휼을 극적으로 보여 주셨습니다. 아버지를 떠나 먼 나라에 가서 "아버지의 살림을 창녀들과 함께 삼켜버린 이 아들"(눅 15:30)이 나중에 아버지께로 돌아왔습니다. 그는 죄책감에 눌려 있었습니다. 아버지 앞에 감히 아들이라고 불릴 수 없다 여기며 절망에 빠져 있었습니다.

그러나 아버지는 뉘우치고 돌아오는 이 아들을 책망하며 벌을 주려는 생각을 하지 않았습니다. 그는 아들을 긍휼히 여겼습니다. 용서했습니다. 아버지는 있는 그대로 아들을 수용하고 용납했습니다. 그리고 그를 위하여 잔치를 베풀고 그에게 좋은 옷을 가져다 입혔으며 손에 가락지를 끼우고 발에 신을 신김으로, 종이 아닌 아들, 곧 상속자로 받아 주었던 것입니다. 이는 보통 사람들이 할 수 있는 일이 아닙니다. 이 탕자의 형도 가족을 배신하고 떠나 방탕했던 동생을 어떻게 그렇게까지 대하여 줄 수 있느냐고 불평하며 아버지의 긍휼을 이해하지 못했습니다.

여러분, 이 아버지의 모습이 하나님의 긍휼입니다. 그러니 이런 긍휼을 입는 아들은 얼마나 감격스럽겠습니까? 이러한 아버지의 긍휼과 자비는 하나님께서 그의 아들, 예수를 세상에 보내신 데서 최고의 실례를 보이셨습니다.

사도 바울은 증언합니다.

"(하나님은) 우리를 구원하시되 우리가 행한 바 의로운 행위로 말미암지 아니하고 오직 그의 긍휼하심을 따라 중생의 씻음과 성령의 새롭게 하심으로 하셨나니, 우리 구주 예수 그리스도로 말미암아 우리에게 그 성령을 풍성히 부어 주사, 우리로 그의 은혜를 힘입어 의롭다 하심을 얻어 영생의 소망을 따라 상속자가 되게 하려 하심이라"(딛 3:5-7).

바로 이것이 예수님이 그의 생애에서 우리에게 보여주신 긍휼의 모습입니다.

예수님께서는 이 세상에서 목자 없는 양과 같이 유리하며 고생하는 사람들을 보시고 민망히 보시고 그들에게 복음을 전하셨습니다. 병든 자를 고쳐주셨습니다. 주린 자들에게는 먹을 것을 주셨습니다. 그리고 십자가 위에서 죽음의 고통 속에서도 자기를 십자가에 못 박는 원수들을 위해서까지 "아버지여 이들의 죄를 용서하여 주옵소서. 이들은 이들이 하는 것을 무엇인지 알지 못함이니이다"라고 기도했습니다.

오늘 우리는 이런 하나님의 긍휼을 입고 있는 것입니다. 감사하지요. 하나님, 감사합니다.

2. 하나님의 백성은 이를 본받아 남을 긍휼히 여겨야 합니다.

당시의 로마 사람들은 불쌍한 사람들을 천시했습니다. 스토아 철학자들은 조소했습니다. 동정심 없는 바리새인들은 자기 의에 도취되어 관심이 없었습니다(마 23:23). 그러나 하나님의 백성은 남에 대하여 긍휼히 여겨야 합니다.

이와 관련하여 주님은 누가복음 10장 25절 이하에서 선한 사마리아 사람의 행동을 본으로 보여 주셨습니다.

어떤 사람이 예루살렘에서 여리고로 내려가다가 강도를 만나서 매 맞고 가진 것을 다 빼앗긴 채 쓰러져 있었습니다. 그 때 거기를 지나가던 제사장과 레위인은 그냥 지나갔습니다. 그들이 그를 보고 측은히 느꼈는지는 몰라도 아무 조치도 취하지 않고 지나갔던 것입니다. 그러나 사마리아인은 그를 불쌍히 여겼을 뿐 아니라 그에게 다가가서 상처를 싸매주고 그 사람을 주막으로 데려다가 돌봐주었습니다.

이것이 주님이 권하시는 긍휼입니다. 긍휼은 비참한 처지에 있는 사람을 측은히 여길 뿐 아니라 그의 고통을 제거해 주고 싶어 하는 바람이 합쳐져 있어, 행동으로 사랑하는 것입니다. 이러한 긍휼을 베푸는 모두가 되시기를 소원합니다.

그런데 사람들은 자기에게는 긍휼을 베풀어주기를 요구하면서, 남에게 긍휼을 베푸는 데에는 인색한 듯합니다.

마태복음 18장 23-35절에 나오는 이야기가 생각납니다.

일만 달란트 빚진 자가 있었습니다. 그는 빚을 갚을 길이 없었습니다. 그리하여 주인에게 엎드려 절하며 "내게 참으소서" 하고 간청합니다. 그러자 주인은 그러한 그를 불쌍히 여겨 놓아 보내며 그 빚을 탕감해 주었습니다. 그런데 그 종이 나가 자기에게 백 데나리온 빚진 동료를 만났습니다. 그는 그 사람의 목을 잡고 빚을 갚으라고 요구합니다. 그 동료가 엎드려 간구하여 참아달라고 간청을 합니다. 그러나 그는 용서하지 않고 그를 옥에 가두었습니다. 그 동료들이 그것을 보고 몹시 딱하게 여겨 주인에게 가서 그 일을 다 고했습니다. 이를 들은 주인은 그를 불러다가 말했습니다. 네 빚을 전부 탕감하여 주었는데 너도 내가 너를 불쌍히 여김과 같이 네 동료를 불쌍히 여기는 것이 마땅하지 않느냐고 하며 노하여 그 빚을 다 갚도록 옥졸에게 넘겼다는 이야기입니다.

당시 데나리온은 노동자 하루의 품삯이었습니다. 1달란트는 6,000데나리온이라고 합니다. 일만 달란트와 100데나리온을 비교하면, 60만분의 1에 해당합니다. 자기가 탕감 받은 빚의 60만분의 1에 해당하는 비교될 수 없는 작은 빚에 대하여 잔인할 만큼 인색했던 것입니다. 우리가 하나님으로부터 용서와 은혜를 받은 것과 우리가 남을 용서하는 것을 비교하는 것도 이처럼 도무지 비교가 될 수 없는 일입니다. 그렇다면 우리는 긍휼을 베푸는 사람이 되어야 하지 않겠습니까?

그런데도 사람들은 일대 일로 남에게 긍휼을 베풀려고 하지, 그 이상은 하지 않으려고 합니다. 이에 주님은 말씀하십니다. "너희가 만일 너희를 사랑하는 자만을 사랑하면 칭찬 받을 것이 무엇이냐 죄인들도 사랑하는 자는 사랑하느니라 너희가 만일 선대하는 자만을 선대하면 칭찬 받을 것이 무엇이냐 죄인들도 이렇게 하느니라 너희가 받기를 바라고 사람들에게 꾸어 주면 칭찬 받을 것이 무엇이냐 죄인들도 그만큼 받고자 하여 죄인에게 꾸어 주느니라 오직 너희는 원수를 사랑하고 선대하며 아무 것도 바라지 말고 꾸어 주라 그리하면 너희 상이 클 것이요 또 지극히 높으신 이의 아들이 되리니 그는 은혜를 모르는 자와 악한 자에게도 인자하시니라 너희 아버지의 자비로우심 같이 너희도 자비로운 자가 되라"(눅 6:32-36).

주님의 경고를 들어 보시기 바랍니다. "너희가 각각 마음으로부터 형제를 용서하지 아니하면 나의 하늘 아버지께서도 너희에게 이와 같이 하시리라"(마 18:35). 야고보는 말합니다. "긍휼을 행하지 아니하는 자에게는 긍휼 없는 심판이 있으리라"(약 2:13).

여러분, 선한 사마리아인의 본을 받아 불쌍한 사람에게

긍휼을 베푸시기를 바랍니다.

우리는 죄와 죄인은 구분해야 합니다. 죄는 미워하되 죄
인은 긍휼히 여겨야 합니다. 우리 모두는 죄인임에도 불구
하고 하나님의 긍휼을 입은 자들이 아닙니까?

여기에서 우리는 스데반이 베푼 긍휼을 기억할 수 있습니
다. 스데반은 전도하다가 군중의 돌에 맞아 죽게 되었습니
다. 그 순간 그는 자기에게 돌을 던진 자들을 긍휼히 여겨
하늘 아버지께 기도하며 "이 죄를 그들에게 돌리지 마옵소
서(자기들이 하는 것을 그들이 알지 못함이니이다)"라고 부
르짖었습니다(행 7:60). 스데반은 자기에게 돌을 던지는 자
들을 불쌍히 여겼고 긍휼히 여겼습니다. 참된 신자라면 모
두 이런 자세를 취해야 합니다. 우리는 하나님의 긍휼을 받
고 있기 때문입니다.

죄의 노예가 된 불쌍한 모든 사람에 대해서도 비애감을
느껴야 합니다. 그들이 우리에게 죄를 지어도, 우리를 박해
해도, 우리는 그들을 불쌍히 여기고 그들을 위하여 기도해
야 합니다. 하나님께서 그들을 긍휼히 여기시도록 간구해야
합니다.

3. 긍휼히 여기는 자는 복이 있나니 긍휼히 여김을 받을 것임이요

긍휼히 여기는 자에 대하여 주님은 말씀하십니다. "그에게 복이 있나니 긍휼히 여김을 받을 것이다." 이는 하나님의 약속입니다.

우리는 하나님의 긍휼을 받을 것입니다. 아니 이미 우리는 하나님의 긍휼함을 받고 있습니다. 그렇습니다. 하나님은 우리에게 자비로우십니다. 지금도 회개와 믿음으로 주 앞에 겸손히 나온 우리를 용서하시고 용납하십니다. 그러한 감격의 긍휼히 여김을 우리는 받고 있습니다. 하나님의 은혜는 우리를 긍휼하게 만듭니다.

최후의 날, 하나님의 심판대 앞에 설 때 우리에게는 긍휼이 필요합니다. 그리스도의 은혜가 우리 속에 있다면, 우리 속에 긍휼이 있다면, 우리는 그날에 긍휼함을 받을 것입니다. 이 얼마나 복된 일입니까? 할렐루야!

마음이 청결한 자는 복이 있나니

마태복음 5장 8절

"마음이 청결한 자는 복이 있나니 그들이 하나님을 볼 것임이요"
(마 5:8)

오늘은 주님께서 말씀하신 팔복 가운데 여섯 번째에 대하여 상고해 보고자 합니다. 사람들은 모든 면에서 깨끗한 것을 좋아합니다. 선진 문명사회일수록 사람들은 청결하고 위생적입니다. 각 정부와 사회공동체는 정연하고 깨끗한 환경 정비 및 도시 관리 시스템을 운영하고 개선하기 위하여 다방면으로 주의를 기울입니다. 그러나 오염과 불결의 문제에 있어 중요한 문제는 외적인 것보다는 내적인 데에 있다는 것입니다. 이와 관련하여 주님은 마음이 청결해야 한다고 강조하고 계십니다.

1. 마음이 청결하다는 말은 무슨 뜻입니까?

여기 청결이라는 단어는 헬라어로 '카다로스'(καθαρός)입

니다. 이 단어는 형용사로, 불순물이 섞이지 아니한 쇠 조
각 같은 것을 가리킬 때, 곡식에서 쭉정이를 까불러 없앤
알곡을 가리킬 때, 세탁을 하여 깨끗해진 옷을 가리킬 때
사용되었습니다. 그러므로 마음이 청결한 자에 관하여 담고
있는 의미에 대하여 다음과 같이 생각해볼 수 있습니다.

(1) 동기의 순수성을 지닌 자입니다.

동기의 순수성을 지닌 사람이란, 하나님의 백성으로 하나
님을 섬김에 있어 다른 생각과 혼합되지 않은 순수한 동기
(man whose motives are always entirely unmixed)로
사는 사람을 의미합니다. 이는 우리가 무엇을 한다고 할 때
우리의 동기를 점검해 보도록 촉구합니다.

우리가 어떤 선한 일을 하는 경우, 그 일을 통해서 자
신이 칭찬을 받으려고 하는 동기, 또는 자화자찬(self-
approval)의 감정 등이 섞여 있진 않습니까? 혹은 영웅심
이나 자기 유익을 구하는 동기에서 하려고 하는 것은 아닙
니까? 교회에 갈 때 진정 하나님께 예배를 드리기 위하여
갑니까? 아니면, 자신의 명예(prestige)를 위하여 갑니까?
이러한 관점을 가지고 우리는 스스로의 생각과 행동에 대하
여 반성해 보아야 할 것입니다.

(2) 마음에 불결한 생각은 삭제해 버리는 자입니다.

첫째, 섞이지 않을 것들이 섞이면 불결해집니다. 예를 들면 공기나 물이 그러합니다. 또한 더러운 옷이란 결국 별다른 것이 아니고 여러 가지 먼지가 묻는다든지 더러운 것들이 묻을 때 더러운 옷이라고 하는 것입니다. 깨끗한 옷이 되기 위해서는 그 더러운 것들을 제거해 버려야 합니다. 마찬가지로 사람의 마음에, 즉 하나님이 주신 본 마음에 그 외의 여러 가지 다른 것들이 섞여 있을 때 그 마음은 청결한 마음이 아닌 것입니다.

당시의 유대인, 특히 유대 종교인들은 외적인 청결을 강조했습니다. 그리하여 그들에게는 외적인 생활을 깨끗이 하기 위한 수많은 규례들이 있었습니다. 음식을 먹어도 깨끗한 음식만을 먹고 부정한 음식은 멀리 해야 했습니다. 옷도 깨끗이 입기를 힘썼으며, 초상집에 갔다 오면 그 옷을 갈아입는 풍속도 있었습니다. 밖에 나갔다 오면 손을 씻되 팔꿈치까지 씻어야 했고, 발도 꼭 씻어야 했습니다. 음식을 먹기 전에도 손을 씻어야 했습니다. 그들은 이렇게 함으로 청결을 지킨다고 생각했던 것입니다.

이에 대하여 예수님은 그들이 외적으로 청결케 하는 것에는 힘쓰지만 마음을 깨끗하게 할 줄 모르는 것을 지적하며 책망하셨습니다. 그리고 참으로 악한 것은 마음속에서 나오는 것이라고 하시면서(마 15:19), 너희 마음에서 나오는 것은 악한 생각과 살인과 간음과 음란과 도둑질과 거짓 증언과 비방이니, 이런 것들이 사람을 더럽게 하는 것이요 씻지 않은 손으로 먹는 것은 사람을 더럽게 하지 못하는 것이라고 말씀하셨습니다. 마음속이 더럽고 겉모습만 청결한 그들을 향하여 주님은 회칠한 무덤 같다고 하셨습니다. 어떻게 보면 오늘날의 사회가 바로 회칠한 무덤 같지나 않은지 염려됩니다.

둘째, 이에 주님은 먼저 마음을 깨끗이 하라고 말씀하셨습니다. 일찍이 구약에 예레미야 선지자를 통하여 하나님께서 말씀하셨습니다.

"오 예루살렘아 너희 속을 깨끗이 하라. 너희 속마음에 있는 생각을 깨끗이 하라"(렘 4:14).

이런 악한 생각은 타락한 인간성에서 나오는 것입니다. 하나님이 부어 주신 마음이 아니라 자기중심으로 변한 타락성에서 나오는 것입니다. 사도 바울은 아래와 같이 강조했습니다.

"육체의 일은 현저하니 곧 음행과 더러운 것과 호색(好色)과 우상숭배와 술수(術數)와 원수를 맺는 것과 분쟁과 시기와 분냄과 당 짓는 것과 분리함과 이단과 투기와 술 취함과 방탕함과 또 그와 같은 것들이라"(갈 5:19-21).

이런 생각이 섞여 있는 마음은 청결한 마음이 아닙니다. 이런 불순한 생각을 세탁하듯이 제거해 버리라는 말씀입니다. 그러면 어떻게 이런 생각에서 씻음을 받을 수 있을까요? 결국은 그리스도의 보혈로 씻음을 받아야 합니다. 다른 말로 표현하면 온전한 성화(성결)의 은혜를 받아야 하는 것입니다.

(3) 마음이 청결한 자는 결국 온전한 성화를 받은 자입니다.

이를 신학적으로 설명하면, 곧 마음이 청결한 자는 결국 온전한 성화를 받은 자입니다. 여러분이 아는 대로, 우리가 죄를 회개하고 예수를 믿을 때에 하나님께서는 우리 죄를 용서하실 뿐만 아니라 죄의 부패성에서 씻어 주십니다(요일 1:9). 곧 하나님은 우리를 의롭다 인정하실 뿐 아니라 성결케 하시기를(성화) 원하십니다. 예수님은 우리의 죄를 용서하실 뿐 아니라 성결을 위하여 십자가에서 돌아가셨습니다. 히브리서 기자는 말합니다.

"예수도 자기 피로써 백성을 거룩케 하려고 성문 밖에서 고난을 당하셨느니라"(히 13:12).

"염소와 황소의 피와 및 암송아지의 재를 부정한 자에게

뿌려 그 육체를 정결하게 하여 거룩하게 하거든, 하물며 영원하신 성령으로 말미암아 흠 없는 자기를 하나님께 드린 그리스도의 피가 어찌 너희 양심을 죽은 행실에서 깨끗하게 하고 살아 계신 하나님을 섬기게 하지 못하겠느냐"(히 9:13-14).

성경의 증언에 의하면, 우리가 죄를 회개하고 믿음으로 죄에서 용서를 받아 의롭다함으로 인정을 받고 거듭납니다. 그리하여 지니고 있던 죄성, 곧 부패성에서 씻음을 받으나 이는 부분적인 것입니다. 그리하여 아직도 그 속에 죄적인 것이 남아 있습니다. 그리하여 동기의 순수성을 지닐 수가 없습니다. 아직도 갈등 속에서 실족하게 됩니다. 어떤 분들은 죄를 회개하고 예수를 믿어 중생하는 순간에 모든 죄 문제가 해결되었다고 할지 모르나, 실상은 그렇지 않습니다.

일례로 예수님의 제자들의 모습을 보십시오. 주를 따르지만 여전히 자기중심의 추태들이 노출되었던 것입니다. 사도 바울은 이 상태를 다음과 같이 고백했습니다.

"내가 행하는 것을 내가 알지 못하노니 곧 내가 원하는 것은 행하지 아니하고 도리어 미워하는 것을 행함이라 … 만일 내가 원하지 아니하는 그것을 하면 이를 행하는 자는 내가 아니요 내 속에 거하는 죄니라 … 내 속사람으로는 하나님의 법을 즐거워하되 내 지체 속에서 한 다른 법이 내 마음의 법과 싸워 내 지체 속에 있는 죄의 법으로 나를 사로잡는 것을 보는도다 오호라 나는 곤고한 사람이로다 이 사망의 몸에서 누가 나를 건져내랴"(롬 7:15-24).

그러기에 거듭난 신자도 자기 속에 아직 남아 있는 죄적인 것에 대하여 깨닫고 회개하여 씻음을 받아야 합니다. 곧 성결의 은혜를 받아야 합니다.

어떤 학자들처럼 이 세상에 사는 동안에는 이런 죄의 구속에서 벗어날 수 없다고 체념해서도 안 됩니다. 왜냐하면 제자들이 오순절 날에 성령의 충만을 받음으로 그런 구속에서 해방되었듯이, 우리도 성령의 충만함을 받는 순간 성결 곧 마음의 청결함을 지닐 수 있기 때문입니다. 할렐루야.

그러기에 사도 바울은 교회의 전통을 자랑하는 에베소의 교인들을 향하여 "오직 너희는 성령의 충만함을 받으라"(엡 5:18)고 명령했습니다. 성경은 또 말합니다. "모든 사람으로 더불어 화평함과 거룩함을 따르라 이것이 없이는 아무도 주를 보지 못하리라"(히 12:14). 성령의 충만을 사모하고 구하여 온전한 성화의 은혜를 체험하는 여러분이 되기를 기원합니다.

그러면 어떻게 성결의 은혜를 체험할 수 있습니까?
내재적인 죄를 회개하고 믿어야 합니다.

2. 주님은 마음이 청결한 자는 복이 있나니 그들이 하나님을 볼 것이라고 약속하셨습니다.

하나님을 볼 것이라는 그 약속! 이 얼마나 기쁜 일이며, 복된 일입니까! 찬송가의 한 구절이 생각납니다.

"구주를 생각만 해도 이렇게 좋거든/ 주 얼굴 뵈올 때에야 얼마나 좋으랴"(찬송가 85장).

주님의 약속에 따르면, 마음이 청결한 자 곧 성결한 자는 마침내 하나님이 계시는 곳, 곧 천국에서 영원히 거하게 될 것입니다. 그는 그곳에서 하나님과 얼굴을 마주 대하고 보게 될 것입니다.

사도 요한은 말합니다. "사랑하는 자들아 우리가 지금은 하나님의 자녀라 장래에 어떻게 될지는 아직 나타나지 아니하였으나 그가 나타나시면 우리가 그와 같을 줄을 아는 것은 그의 참모습 그대로 볼 것이기 때문이니"(요일 3:2).

하나님을 볼 것이라는 주님의 약속은 장래에 있을 일만을 의미하는 것이 아닙니다. 마음이 청결한 자가 얻는 복인 하나님을 볼 것이라는 약속은, 다른 모든 복에서와 마찬가지로 이 땅 위에서도 부분적으로 누릴 수 있는 것입니다. 곧 우리는 믿음의 눈으로 오늘날 역사의 사건들 속에서 하나님의 임재를 인식합니다. 하나님이 만드신 만물과 그를 둘러

싼 모든 것을 통하여 하나님을 봅니다. 특히 우리는 은혜의 체험 속에서 하나님의 임재를 체험합니다. 그러므로 이것이 복이 아니고 무엇이겠습니까?

하지만 이런 것은, 장래에 하나님을 친히 보는 것과 비교하면 아무것도 아닙니다. 사도 바울이 말한 대로, 우리가 지금은 거울로 보는 것 같이 희미하나 그 때에는 얼굴과 얼굴을 대하여 볼 것이기 때문입니다(고전 13:12). 우리는 앞으로 다가올 이 놀라운 소망 가운데 사는 것입니다. 할렐루야!

사도 요한은 "주를 향하여 이 소망을 가진 자마다 그의 깨끗하심과 같이 자기를 깨끗하게 하느니라"(요일 3:3)고 했습니다. 위에서 말했듯이, 성령 충만한 가운데 마음을 청결하게 지키십시다.

산상수훈 (6)
화평하게 하는 자는 복이 있나니
마태복음 5장 9절

"화평하게 하는 자는 복이 있나니 그들이 하나님의 아들이라 일컬음을 받을 것임이요"(마 5:9)

이는 주님이 말씀하시는 팔복 가운데 일곱 번째입니다. 지금까지 예수님은 그리스도인은 어떠한 사람이 되어야 하는가에 대하여, 즉 다시 말하면 내적 성결에 대하여 말씀하셨는데, 이제는 그리스도인이 해야 할 일에 대하여 말씀하십니다.

주님은 화평하게 하는 자는 복이 있다고 하셨습니다. 화평하게 한다는 뜻이 무엇입니까? 그리고 하나님의 아들이라 일컬음을 받는다는 것은 무엇을 의미합니까?

1. 화평하게 하는 자

"화평"이라는 말은 한국말로 '평강, 평안' 혹은 '화목' 등 여러 가지로 표현될 수 있으나, 원문에 나타나는 말의 뜻은 하나입니다. 원어의 '오이 에이레노포이오이'(οἱ εἰρηνοποιοι)를 영어로는 peacemaker라고 표현했습니다.

(1) "화평" 또는 "평화"라는 말은 헬라어로는 '에이레네'(εἰρήνη), 히브리어로는 '샬롬'(shalom)입니다.

바클레이 박사의 설명에 의하면, 히브리 세계에서 화평은 단지 문제(trouble)가 없는 것만을 의미하는 소극적인 개념이 아니라, 사람에게 보다 좋은 것을 만드는 것들을 의미하는 적극적인 개념이라고 합니다.[1] 다른 말로 표현하면, 하나님의 임재를 인식하는 가운데 하나님의 일에 참여할 때 오는 평안인 것입니다.

그러므로 성서에서 평안이라는 것은 모든 어려운 문제(trouble)에서의 자유와 아울러, 모든 좋은 것을 취하는 것을 의미합니다.

(2) 사람은 모두가 화평 또는 평안을 원합니다. 그러나 본

---

1) Barclay, 103.

문을 보면, 화평을 원하는 사람, 또는 화평을 사랑하는 사람(peace-lovers)이 복이 있다고 말씀하지 않고 있음을 알게 됩니다. 화평하게 하는 자, 곧 peace-maker가 복 있는 자인 것입니다.

그러나 중요하게 관찰되는 사실이 있습니다. 많은 사람들이 화평을 원하기 때문에, 복잡한 문제가 있는 경우 그 문제 상황을 회피하면서 해결 또는 개선을 위한 어떤 행동은 취하지 않는다는 것입니다. 실제로, 적지 않은 사람들이 "좋은 것이 좋은 것이다."라고 하면서 불간섭하거나, 어려운 상황을 기피하면서 소극적으로 현재의 평안의 상태를 유지하려고 합니다. 그러나 그러한 태도의 사람은 오늘의 본문에서 말하는 화평하게 하는 자가 아닙니다. 화평하게 하는 자는 고통을 통과하더라도 사건을 직면하는 가운데 화평을 이루는 사람입니다.

이런 뜻은 샬롬(shalom)이라는 말의 개념에서 잘 드러납니다. 샬롬이 의미하는 화평은, 앞에서 언급한 대로 '어려움'(trouble)이 없는 것을 의미하는 것이 아니라 사람을 보다 좋게 만드는 것들을 의미합니다.

바클레이 박사는 아브라함 링컨의 말을 인용하면서 이렇게 설명합니다. "내가 죽을 때에, 사람들이 나를 향하여, 그는 꽃이 자라날 수 있다고 생각하는 곳에서 가라지를 뽑아

내고 늘 꽃을 심은 사람이었다고 듣게 되기를 바란다."[2] 그렇습니다. 화평하게 하는 일은 가라지를 뽑아내고 그곳에 꽃을 심는 작업인 것입니다. 곧 화평하게 하는 사람은, 싸움이 있는 곳에 미움을 제거하고 그곳에 하나님의 뜻 아래서 바른 관계를 갖도록 노력하는 사람입니다.

우리는 예수 그리스도께서 평화의 왕으로 하나님과 세상을 화목하게 하기 위하여 행동하신 것을 따라야 합니다. 그는 하나님과 동등 됨을 취하지 않고 자기를 낮추시고 사람의 모양이 되셨습니다. 그리고 십자가에서 죽으시기까지 했습니다. 곧 십자가의 피로 화평을 이루셨습니다(골 1:2).

화평하게 하는 자는 바로 예수의 마음을 품고 일해야 합니다. 우리는 분쟁과 분열 가운데 서로 불화 속에 사는 공동체의 교량 역할을 하며 화평을 가져오게 하는 사신들이 되어야 하겠습니다.

2. 하나님의 아들이라 일컬음을 받을 것이요

주님은 화평하게 하는 자는 하나님의 아들이라 일컬음을 받을 것이라고 하는 축복의 말씀을 하셨습니다. 성경을 보면 예수님께서 세례를 받으시고 사역을 시작하고자 할 때

2) Barclay, 105.

에, 하나님께서 말씀하시기를, "이는 내 사랑하는 아들이요 내 기뻐하는 자라" 하셨습니다(마 3:17). 이는 귀한 말씀입니다. 이 말의 뜻은, 하나님이 기뻐하는 자요 하나님의 아들로서 하나님의 하시는 일을 하는 자라는 뜻입니다. 그러므로 여기서 화평하게 하는 자는 하나님이 하시는 일을 하는 하나님의 아들이라는 것입니다. 그리하여 예수님이 세상에 임하신 사건은 세상에 평화를 가져오는 사건이라고 했습니다(눅 2:14).

우리가 하나님이 기뻐하시는 자들이요 하나님의 일에 동참하는 아들이라 일컬음을 받는다는 것은 얼마나 놀라운 복입니까! 주님은 말씀하십니다.

"예물을 제단에 드리다가 거기서 네 형제에게 원망 들을 만한 일이 있는 줄 생각나거든 예물을 제단 앞에 두고 먼저 가서 형제와 화목하고 그 후에 와서 예물을 드리라"(마 5:23-24).

이어서 성경은 권합니다.

"할 수 있거든 너희로서는 모든 사람으로 더불어 평화하라"(롬 12:18).

"모든 사람과 더불어 화평함과 거룩함을 따르라"(히 12:14).

3. 이런 사역은 먼저 하나님과의 화목에서 이루어 지는 것입니다.

이러한 화평을 가져오기 위해서는 한없는 노력을 해야 합니다. 그러나 우리는 먼저 하나님과의 화평을 이루어야 합니다. 왜냐하면 모든 불화와 분쟁의 근본 원인은 인간의 죄악, 곧 나 자신 밖에 모르는 죄성에서 나오기 때문입니다. 곧 하나님과의 화평이 성립되지 않았기 때문입니다. 마음의 불화도 그렇고 이웃과의 불화도 역시 그런 것입니다.

하나님과 화목하지 못한 삶 속에는 늘 공포와 불안이 있습니다. 실제로 죄 있는 곳에 영구한 화평은 없습니다. 친구지간이나 공동체에서도 마찬가지입니다. 그러므로 "이러므로 우리가 그리스도를 대신하여 사신이 되어 하나님이 우리로 너희를 권면하시는 것 같이 그리스도를 대신하여 간구하노니 너희는 하나님과 화목하라"(고후 5:20)고 권면하십니다.

영구한 마음의 평안은 하나님과의 화목에서 옵니다. "그러므로 우리가 믿음으로 의롭다 하심을 얻었은즉 우리 주 예수그리스도로 말미암아 하나님으로 더불어 화평을 누리자"(롬 5:1). 연속적인 화평은 이로부터 오는 것입니다.

성경은 증언합니다. 사람이 죄로 말미암아 하나님과 원수

되어 있는 상황에서, 세상에 화평을 가져오기 위하여 오신 예수 그리스도는 십자가에서 화목제물이 되셨습니다. 그러므로 우리는 하나님 앞에서 자기 죄를 회개하고, 그리스도를 믿음으로써 죄에서 용서 받고, 하나님과 올바른 관계를 갖게 됩니다. 이를 신학적으로 설명할 때, 우리는 믿음으로 의롭다 하심을 얻었다고 표현합니다(롬 5:1).

하나님은 성령 안에서 이 화목의 사역을 지금도 하고 계시며, 하나님의 아들들이 이 일에 참여하기를 호소하고 있는 것입니다. 성경의 말씀을 들어 보십시오.

"이는 하나님께서 그리스도 안에 계시사 세상을 자기와 화목하게 하시며 저희의 죄를 저희에게 돌리지 아니하시고 화목하게 하는 말씀을 우리에게 부탁하셨느니라 그러므로 우리가 그리스도를 대신하여 사신이 되어 하나님이 우리를 통하여 너희를 권면하시는 것 같이 그리스도를 대신하여 간청하노니 너희는 하나님과 화목하라"(고후 5:19-20).

그러므로 우리는 기회 있을 때에 죄를 회개하고, 믿음으로 하나님과의 관계를 올바로 해야 합니다. 성경은 말씀합니다.

"우리가 하나님과 함께 일하는 자로서 너희를 권하노니 하나님의 은혜를 헛되이 받지 말라 이르시되 내가 은혜 베풀 때에 너를 듣고 구원의 날에 너를 도왔다 하셨으니 보라 지금은 은혜 받을 만한 때요 보라 지금은 구원의 날이로 다"(고후 6:1-2).

하나님과 화목한 사람은 그 화목이 성립된 상태에서 '화 평하게 하는 하나님의 사역에 참여하시기를 바랍니다.

의를 위해 박해를 받은 자는 복이 있나니

마태복음 5장 10-12절

"의를 위하여 박해를 받은 자는 복이 있나니 천국이 그들의 것임이라 나로 말미암아 너희를 욕하고 박해하고 거짓으로 너희를 거슬러 모든 악한 말을 할 때에는 너희에게 복이 있나니 기뻐하고 즐거워하라 하늘에서 너희의 상이 큼이라 너희 전에 있던 선지자들도 이같이 박해하였느니라"(마 5:10-12).

주님께서 말씀하신 팔복 가운데 여덟 번째 복에 대하여 생각해 보고자 합니다.

1. 이 세상에서는 의로운 사람이 박해를 받습니다.

이 세상에서 의롭게 사셨기에 고난을 당하신 주님은, 주님을 따르는 그의 제자들도 이 세상에서 박해를 받게 될 것을 예견하셨습니다. 이를 미리 경고하시고 격려하시면서 의를 위하여 박해를 받은 자가 복이 있다고 말씀하신 것입니다.

예수님의 경우에서 알 수 있듯이, 어둔 세상에서 의의 길을 걷는 사람은 이 세상에서 미움을 받거나 박해를 받습니다. 까마귀 촌에 간 백로가 천대와 멸시를 받으며 까마귀들에게 쫓겨났다고 하는 이야기가 있습니다. 왜 의인이 박해를 받는 것입니까? 이 세상은 검은 것이 일색인 반면, 예수님이 말씀하신 여덟 가지 복을 받는 사람들은 너무나 희기 때문입니다. 의로운 사람은 어두운 생활을 하는 사람들에게 부담감을 줍니다. 불안감을 줍니다. 의로운 사람이 아무 말을 안 해도 그들은 스스로 찔리는 듯 부담스러워 합니다. 그래서 결국 그들은 박해하기에 이릅니다.

이에 대해서는 역사가 증명합니다. 다니엘이 어찌하여 사자굴에 던져지는 박해를 받았습니까? 잡혀간 바벨론 왕국에서 다니엘의 생활이 너무나 결백하고 의로웠기 때문입니다. 왜 요셉이 애굽으로 팔려가고 감옥에 투옥되는 등 계속 고난을 받았습니까? 불의와 타협하지 않았기 때문입니다. 무슨 까닭으로 가인이 자기 동생 아벨을 죽였습니까? 자기의 행위는 악하고 동생의 행위는 의로웠기 때문입니다.

예수님의 십자가는 바로 이 진리를 보여주고 있습니다.

예수님은 죄인들 사이에서 함께 십자가의 고난을 당하셨습니다. 거룩한 선지자가 추악한 죄인과 함께 수모를 당한 것입니다.

그러므로 주님을 따르는 자는 이 세상에서 의를 위하여 살려면 박해 받을 것을 각오하라는 것입니다. 이 박해는 예수님의 경우에서 보듯이 외부로부터 또는 내부로부터 옵니다. 참으로 직면하기 싫은 일이지만 이는 진리입니다. 신앙생활을 바로 하려고 하면, 박해 받을 것을 각오할 수밖에 없습니다.

그러므로 주님은 일찍이 말씀하셨습니다.

"세상이 너희를 미워하면 너희보다 먼저 나를 미워한 줄을 알라. 너희가 세상에 속하였으면 세상이 자기의 것을 사랑할 것이나 너희는 세상에 속한 자가 아니요 도리어 내가 너희를 세상에서 택하였기 때문에 세상이 너희를 미워하느니라. 내가 너희에게 종이 주인보다 더 크지 못하다 한 말을 기억하라 사람들이 나를 박해하였은즉 너희도 박해할 것이요 내 말을 지켰은즉 너희 말도 지킬 것이라"(요 15:18-20).

"누구든지 나를 따르려거든 자기를 부인하고 십자가를 지고 나를 따르라"(마 16:24).

사도 바울도 말하기를, "무릇 그리스도 예수 안에서 경건하게 살고자 하는 자는 박해를 받으리라"(딤후 3:12)고 하였습니다.

2. 의를 위하여 박해를 받은 자는 복이 있느니라

그렇습니다. 옛 선지자들과 성도들이 수난을 많이 당했습니다. 엘리야 선지자는 아합 왕과 이세벨 왕후로부터 박해를 받았습니다. 이사야 선지자는 전설에 의하면 톱질을 당하여 순교했다고 합니다. 스데반 집사는 돌에 맞아 죽었습니다. 바울은 로마에서 칼에 맞아 죽었다고 합니다. 폴리갑은 끓는 기름 가마 속에서 순교했습니다. 일제 강점기와 공산치하에서 한국의 수많은 그리스도인들도 박해를 받았습니다. 그러나 주님은 이런 사실을 보면서 말씀하십니다.

"기뻐하고 즐거워하라"

"의를 위하여 박해를 받은 자는 복이 있느니라"

"너희 선지자들도 이와 같이 박해를 받았느니라"

이 말은 그리스도인이 박해에 직면할 때에 박해 자체를 기뻐하라는 뜻이 아닙니다. 그리스도인은 박해를 안타깝게 생각해야 합니다. 왜냐하면 박해하는 사람들이 죄 때문에,

아니 사탄의 지배를 받기 때문에 그러한 처참한 박해를 그리스도인에게 가한다는 것을 알기 때문입니다. 따라서 그리스도인은 박해하는 사람들이 죄의 결과로 그리하는 것을 알고 가슴 아파해야 합니다.

그런데 그것을 더 넘어 예수님은, 그리스도인은 의를 위하여 박해 받는 것을 기뻐하라고 말씀하고 계십니다. 이것이 어떻게 가능합니까? 우리 주님의 대답은 이러합니다.

"기뻐하고 즐거워하라 하늘에서 너희의 상이 큼이라 너희 전에 있던 선지자들도 이같이 박해하였느니라"(마 5:12).

여러분이 의를 위하여 박해를 받으면, 여러분은 하나님의 선택받은 사람으로 증명되는 것입니다. 웨슬리는 악한 세상에서 의를 위하여 박해를 받는 것은 바로 우리가 주의 제자임을 표시하는 것(the very badge of our discipleship)이라고 했습니다.

"천국이 그들의 것임이니라"고 하신 주님의 말씀은 여러분이 천국에 가게 될 것임을 확증하는 말씀입니다. 여러분은 선지자들이 가신 길에 선 것입니다. 그들이 누린 영광이 바로 여러분의 것입니다. 여러분은 그 놀라운 영광을 바라보게 된 것입니다. 그리하여 여러분은 사도 바울과 같이 "생각하건대 현재의 고난은 장차 우리에게 나타날 영광과 비교할 수 없도다"(롬 8:18)라고 외치게 될 것입니다. 그러므로 의를 위하여 박해를 받은 성도는 기뻐하게 될 것입니다.

또한 신자는 박해를 받을 때에 주님을 향한 충성심(royalty)을 나타낼 기회를 갖게 됩니다. 그리고 그리스도를 위하여 고난당하는 특권도 받습니다. 사도 바울이 "내가 바라는 것은 그리스도를 알고, 그분의 부활의 능력을 깨닫고, 그분의 고난에 동참하여 그분의 죽으심을 본받는 것입니다"(빌 3:10, 새번역)라고 하였듯이, 우리는 의를 위하여 박해 받음으로 그리스도가 받은 고난에 동참하는 특권을 누리게 됩니다.

서머나 교회의 감독이었던 폴리갑의 이야기가 생각납니다. 마지막에 그는 로마의 관리들에게 끌려갔습니다. 그리고 로마의 관리가 그에게 준 마지막 기회에, 로마의 황제 시저의 신전에 제물을 드릴 것인지, 아니면 죽음을 택할 것인지를 답해야 했습니다. 그 때 그는 말하기를 "86년을 사는 동안에 나는 그리스도를 섬겼고, 주님은 나에게 잘못한 것이 하나도 없다. 그런데, 이제 와서 나를 구원하신 나의 왕, 주님을 모독하겠는가?"라고 하며 그들의 권유를 거절했다고 합니다. 그리하여 그는 화형을 당해 죽었습니다. 그러나 그는 죽는 순간 기도를 드렸습니다. "전능하신 하나님, 당신이 사랑하는 아들 예수의 아버지이신 주, 하나님이시여, 우리는 당신의 아들이신 예수를 통하여 하나님을 알게 되었습니다. 하나님께서 이 날 이 순간에 나를 가치 있게 은혜로 생각하여 주시니 감사합니다." 이와 같이 그는 주님을 향한 그의 충성심을 나타낼 최고의 기회를 가졌던 것입니다.

사도 바울은 고백합니다.

"우리가 환난 중에도 즐거워하나니 이는 환난은 인내를 인내는 연단을 연단은 소망을 이루는 줄 앎이로다"(롬 5:3-4).

이러한 박해를 통하여 그리스도인은 후세에 주님을 따르는 신자들에게 용기를 주며, 그들이 역경 속에서도 주님을 따르도록 도와줍니다. 그러하기에 의를 위하여 박해를 받는 성도는 기뻐하는 것입니다.

3. 박해 가운데서 신자는 슬기롭게 행동해야 합니다.

그러면 박해를 당하는 그런 상황에서 성도가 어떻게 행동하는 것이 현명한 것입니까? 이에 대하여 웨슬리는 몇 가지

좋은 충고를 제시했습니다.[1]

양심의 가책이나 불의에 편드는 것이 아니면 피하는 것도 현명한 방법이라는 것입니다. 주님께서도 마태복음 10장 23절에서, 이 성에서 너희를 박해하면 다른 성으로 가서 전도하라고 하셨습니다. 공연한 박해를 피하는 것도 하나의 방편인 것입니다. 피할 수 없는 처지에서는, 주님께서 마태복음 10장 16절에서 뱀과 같이 슬기롭고 비둘기와 같이 온순하게 행동하라고 말씀하신 것을 기억하며, 지혜롭게 행동해야 할 것입니다. 더 나아가, 의를 위하여 박해를 받으면 기뻐하고 즐거워하라고 주님이 말씀하신 것을 기억하고 담대해야 할 것입니다.

기억하시기 바랍니다. 예수 그리스도는 자기 앞에 놓여있는 기쁨을 바라보고 십자가를 참으시고 부끄러움도 상관하지 않으셨습니다(히 12:2).

그리스도로 말미암아 박해를 받은 성도들에게 사도 베드로는 다음과 같이 권고했습니다.

"오히려 너희가 그리스도의 고난에 참여하는 것으로 즐거워하라 이는 그의 영광을 나타내실 때에 너희로 즐거워하고 기뻐하게 하려 함이라 너희가 그리스도의 이름으로 치욕을

---

1) 웨슬리, 126ff.

당하면 복 있는 자로다 영광의 영 곧 하나님의 영이 너희 위에 계심이라 너희 중에 누구든지 살인이나 도둑질이나 악행이나 남의 일을 간섭하는 자로 고난을 받지 말려니와 만일 그리스도인으로 고난을 받으면 부끄러워하지 말고 도리어 그 이름으로 하나님께 영광을 돌리라"(벧전 4:13-16).

산상수훈 (8)

세상의 소금과 빛이 되라

마태복음 5장 13-16절

"너희는 세상의 소금이니 소금이 만일 그 맛을 잃으면 무엇으로 짜게 하리요 후에는 아무 쓸 데 없어 다만 밖에 버려져 사람에게 밟힐 뿐이니라 너희는 세상의 빛이라 산 위에 있는 동네가 숨겨지지 못할 것이요 사람이 등불을 켜서 말 아래에 두지 아니하고 등경 위에 두나니 이러므로 집 안 모든 사람에게 비치느니라 이같이 너희 빛이 사람 앞에 비치게 하여 그들로 너희 착한 행실을 보고 하늘에 계신 너희 아버지께 영광을 돌리게 하라"(마 5:13-16)

1. 너희는 세상의 소금이니

(1) 소금의 귀한 가치

소금은 유용하여 인간이 살아가는데 반드시 있어야 하는 유용하며 귀중한 물질입니다. 예수님 당시에도 소금은 매우 귀한 것이었습니다. 그래서 헬라세계에서 소금은 신에게 속한 것(the divine, ΤηΕιον)이라는 용어로 불렸습니다. 로마인들은 소금 이상 더 귀한 것은 없다고 보았습니다. 바로 신자는 소금과 같이 세상에 꼭 있어야 할 귀한 존재입니다. 그 당시의 사람들은 깨끗하며(pure like white salt) 방부제와 조미료의 역할을 하는 사람을 가리켜 소금과 같다고 말했다고 합니다.

(2) 소금의 역할

첫째, 방부제의 역할을 합니다.

썩는 것을 막습니다. 신자에게는 이 사회의 도덕적 부패를 막는 사명이 있습니다. 도덕적으로 부패한 사회는 쇠락합니다. 복지와 안전이 완벽히 보장된 사회를 조성하기 위해 전력을 기울인다고 해도 도덕적 부패가 만연하면 허사입니다.

북방민족의 침입을 막기 위하여 중국 왕조가 축조한 만리장성을 아시지 않습니까? 만리장성의 거대한 규모와 견고한 방비력은 탁월한 경지의 것이었습니다. 그러나 만리장성이 적의 침공에 뚫린 적이 있습니다. 바로 문지기가 적의 뇌물을 받고 매수당해 문을 열어 주었던 것입니다. 만리장성을 넘을 수 있었던 것은 성벽을 뛰어넘는 용맹함이나 막강한 군사력이 아니라 문지기의 부패 때문이었습니다.

둘째, 소금은 조미료의 역할을 합니다.

소금은 음식의 맛을 나게 합니다. 그리스도인의 생은 사람들에게 생명과 소망을 주는 것입니다. 그리스도를 마음에 모신 그리스도인 역시 참된 평화, 참된 기쁨, 참된 감사를 가져다주는 자가 되어야 합니다. 그리스도인은 복음을 통하여 이 사회에 참과 정의를 이루는 사명이 있습니다.

(3) 그리스도인은 말로만이 아니라 행동으로 사회에 영향을 끼쳐야 합니다.

웨슬리가 말하듯 기독교는 사회적 종교라는 것이 잘 드러났습니다. 그리스도인과 교회는 전도의 사명과 아울러 사회적 사명도 행해야 합니다.

그러면 어떻게 그런 사명을 행해야 합니까? 소금처럼 하여야 합니다. 곧 소금은 그들과 접함으로 그 사명을 시작합니다. 우리는 이 세상과 격리하여 존재하는 것이 아니라 세상 속에서 사명을 감당해야 합니다. 우리는 이 세상에 보냄을 받은 자들입니다(요 17:16).

또한 소금은 요란하거나 과격하지 않고 말없이 소금의 사명을 다합니다. 그러하듯 교회는 예수님이 하신 본을 따라 겸손히, 그리고 희생적으로 감당해야 합니다. 교회는 사회 참여를 하되 메시아 공동체로서의 주체성을 지키면서 참여해야 합니다.

(4) 그러기 위해서는 소금이 그 맛을 잃으면 안 됩니다.

소금은 깨끗한 것을 상징합니다. 로마 사람들은 깨끗한 태양에 의해 바닷물에서 생겨난 소금이기에 가장 깨끗하다고 여겼습니다. 그래서 신에게 드리는 제물로 사용했다고 합니다. 이와 같이 그리스도인은 깨끗함의 상징이 되어야 합니다. 정직해야 합니다. 거짓이 난무하는 오늘의 사회에서 정직의 본이 되어야 합니다.

이에 성경은 다음과 같이 권고합니다.

"하나님 아버지 앞에서 정결하고 더러움이 없는 경건은 곧 고아와 과부를 그 환난 중에 돌아보고, 또 자기를 지켜 세속에 물들지 아니하는 이것이니라"(약 1:27).

"그러므로 형제들아 내가 하나님의 모든 자비하심으로 너희를 권하노니 너희 몸을 하나님이 기뻐하시는 거룩한 산 제사로 드리라 이는 너희의 드릴 영적 예배니라 너희는 이 세대를 본받지 말고 오직 마음을 새롭게 함으로 변화를 받아 하나님의 선하시고 기뻐하시고 온전하신 뜻이 무엇인지 분별하도록 하라"(롬 12:1-2).

2. 너희는 세상의 빛이라

그리스도인은 그리스도의 빛을 반사하는 존재여야 합니

다. 자신이 세상의 빛이라(요 9:5)고 하신 주님께서 우리 성도들을 향하여 "너희는 세상에 빛이라"고 하신 것은 대단한 칭찬이요, 우리의 놀랍고 큰 사명을 언급하신 것입니다.

그러나 기억할 것은, 이는 우리들이 빛 자체라는 말씀은 아니라는 것입니다. 빛을 발하는 원천이라는 말도 아닙니다. 우리는 예수님의 빛을 반사(reflect)하는 빛입니다. 이는 예수 그리스도께서 우리 마음에 오시고 현존하시기에 나타나는 빛을 의미합니다.

(1) 빛이 의미하는 바가 어떤 것입니까?

첫째, 빛이라는 것은 숨길 수 없는 것입니다(마 5:14).
빛은 어디에서나 보이는 것이며 숨길 수 없습니다. 이 말은 비밀 신자는 있을 수 없다는 뜻입니다. 신자들 가운데는, 교회 안에서는 신자인데 밖에 나가면 신자 티를 안 내는 이들이 있습니다. 그래서는 안 됩니다. 우리는 늘 예수님의 빛을 반영하는(reflect) 신자라야 합니다.

둘째, 빛은 안내자(guide)의 역할을 합니다(마 5:15).
바다에서 배가 들어올 때, 바닷가 등대의 불이 배의 들어

올 길을 안내합니다. 그와 같이 그리스도인은 이 세상 사람들이 빛 아래서 걸어가도록 안내하는 특권과 책임이 있는 것입니다.

또한 빛은 있는 그대로를 드러냅니다. 거짓이 성행하는 이 사회에서는 있는 그대로를 말하는 '정직'이 요청됩니다. 우리는 하나님의 진리의 말씀의 증인으로서 사람을 바른 길로 인도해야 합니다. 그리고 악한 길의 결과가 멸망의 길임을 경고해야 하겠습니다.

셋째, 신자는 무엇보다도 선행과 모범을 보임으로 하나님께 영광을 돌리도록 해야 합니다(16절).

정직하고, 선한 행실을 함으로 사람들의 관심을 하나님께로 인도해야 하겠습니다. 주님은 말씀하십니다. "이같이 너희 빛을 사람 앞에 비치게 하여 그들로 너희 착한 행실을 보고 하늘에 계신 너희 아버지께 영광을 돌리게 하라"(마 5:16).

위에서도 말했지만, 우리는 다시 한 번 그리스도인과 교회의 책임을 이중적으로 보아야 합니다. 그리스도인은 말로만이 아니라 행동으로 사회에 영향을 끼쳐야 하며, 그리스도인과 교회는 전도와 사회적 책임 모두를 행해야 하는 것입니다.

(2) 빛은 늘 켜져 있어야 합니다.

빛의 역할을 하기 위해서는 무엇보다도 빛이 늘 켜져 있어야 합니다. 그러면 어떻게 빛이 늘 켜 있을 수 있습니까? 등잔불의 경우를 생각해봅시다. 여러분이 아시는 대로 등잔에 불이 켜 있기 위해서는 두 가지가 필수적입니다. 곧 기름과 심지입니다. 기름과 심지가 없으면 빛을 얻을 수 없습니다. 이 두 가지는 항상 함께 붙어 다녀야 합니다.

먼저, 기름에 대하여 생각해봅시다. 기름은 누군가가 부어주어야 합니다. 그와 같이 우리도 빛이 되기 위해서는 하나님의 생명을 받아야 합니다. 우리는 우리 주님과 항상 접촉해서 살아야 합니다. 빛 되시는 주님과의 접촉이 없이는 그 빛을 반사할 수가 없습니다. 그러므로 빛이 늘 밝혀져 있기 위해서는 우리의 끊임없는 기도로 주님과 접촉하고 있어야 합니다. 하나님의 말씀을 계속 읽어야 합니다. 과연 여러분은 그렇습니까?

다음으로, 심지에 대하여 생각해봅시다. 등잔에 불이 계속 켜 있기 위해서는 심지가 제대로 붙어 있어야 합니다. 옛날 등잔에 쓰는 심지는 자주 손질을 해야 했습니다. 심지가 조금이라도 벌어지고 떼어져 불이 꺼지는 상황을 막기 위해 매만져주고 다듬어 주는 손질을 매우 세심하게 해야 했습니다.

우리도 빛의 역할을 잘하기 위해서는, 존스 박사가 말하듯이,[1] 주님이 말씀하신 팔복을 늘 상기해야 할 것입니다. 그러기 위해서, 심령이 가난하며, 긍휼하며, 온유하며, 화평하게 하며, 마음이 청결하여야 함을 늘 상기하고, 그렇게 되어야 합니다.

일전에 어떤 의료선교사의 간증을 들은 일이 있습니다. 그는 의사로서, 선교사로서 동남아시아에서 사역하는 분입니다. 예수를 믿게 된 동기에 대해서 그는 다음과 같은 이야기를 들려주었습니다.

"제가 몹시도 공부에 지쳐서 피곤한 몸을 이끌고 학교 식당에 들어간 어느 날, 그 식당의 한구석에 평소 존경하던 교수님 한 분이 앉아 있는 것을 보았습니다. 그 분은 식사를 하기 전에 기도하고 있었는데, 그 모습이 그렇게 평안해 보일 수 없었습니다. 그리고 그 분이 가진 청결한 삶의 모습이 제게 얼마나 감동적이었는지 모릅니다. 문득 저도 그 교수님처럼 예수님을 믿고 싶다는 생각이 간절해졌습니다. 그래서 교수님에게 다가가서 신앙에 관해 이야기했습니다. 결국 저는 그 교수님을 통해서 전도를 받아 예수님을 믿게

---

1) 로이드 존스(상), 225.

되었으며, 열심히 신앙생활을 하던 중 교수님이 베풀어주신 사랑의 빚을 갚기 위해서 의료선교사로 사역하게 되었습니다."

만약 그 교수님이 그리스도인으로서 자기의 삶을 간증하는 일을 드러내지 않고 감추어두고 있었다면 이 같은 열매를 맺을 수 없었을 것입니다. 그렇다고 해서 남에게 보이기 위해서 억지 쇼를 하라는 것은 아닙니다. 정말 그리스도가 내 안에 살아계시기 때문에, 그리고 그분이 내 삶을 지배하기 때문에 성령의 지배하심을 받는 아름다운 삶의 모습이 우리 삶의 모든 영역에 배어 있어 진실 되게 드러나게 된다는 것입니다.

율법과 복음

―바리새인보다 더 낫지 못하면 천국에 들어가지 못한다―

마태복음 5장 17-20절

"내가 율법이나 선지자를 폐하러 온 줄로 생각하지 말라 폐하러 온 것이 아니요 완전하게 하려 함이라 진실로 너희에게 이르노니 천지가 없어지기 전에는 율법의 일점 일획도 결코 없어지지 아니하고 다 이루리라 그러므로 누구든지 이 계명 중의 지극히 작은 것 하나라도 버리고 또 그같이 사람을 가르치는 자는 천국에서 지극히 작다 일컬음을 받을 것이요 누구든지 이를 행하며 가르치는 자는 천국에서 크다 일컬음을 받으리라 내가 너희에게 이르노니 너희 의가 서기관과 바리새인보다 더 낫지 못하면 결코 천국에 들어가지 못하리라"(마 5:17-20).

우리가 산상수훈을 들을 때, 예수님이 율법을 도외시하는 분으로 보일지도 모릅니다. 아닌 게 아니라, 사도 바울은 로마서 10장 4절에서 "그리스도는 모든 믿는 자에게 의를 이루기 위하여 율법의 마침이 되시니라"고 했습니다.

그렇다면 주님께서 본문 17-18절에서 "내가 율법이나 선

지자를 폐하러 온 줄로 생각하지 말라 폐하러 온 것이 아니
요 완전하게 하려 함이라 진실로 너희에게 이르노니 천지가
없어지기 전에는 율법의 일점 일획도 결코 없어지지 아니하
고 다 이루리라"고 하신 말씀은 무슨 뜻입니까?

1. 율법

우리가 율법이라고 할 때, 이스라엘 자녀들에게 주신 율
법에는 도덕법(the moral law)과 의식법(the ritual or
ceremonial law)이 있었음을 기억해야 합니다. 그리고 또
한 서기관들이 만든 규례들이 있었습니다.

도덕법은 십계명과 기타의 중요한 도덕원리로 구성되어
있습니다. 이것이 율법의 본질(essence)입니다. 예수님께
서 마태복음 22장 37-40절에서 말씀하셨듯이, 하나님을
경외하고 이웃을 사랑하는 것이 십계명의 본질입니다. 이
계명은 하나님에 대한 영원한 상태요 우리의 영원한 관계의
일부입니다.[1] 이는 영원히 지켜야 할 하나님의 법입니다.
사도 요한은, 따라서 법을 어기는 것이 죄라고 했습니다(요
일 3:4). 또한 주님은 "나의 계명을 가지고 지키는 자라야

---

1) 로이드 존스(상), 251.

나를 사랑하는 자니"(요 14:21)라고 말씀하셨습니다.

　의식법은 율법을 실행하기 위하여, 곧 성전과 기타 장소에서 그들의 예배와 번제물과 모든 예배의식에 관한 여러 가지 절차, 규례(방법)들을 지시하신 것들입니다. 이 의식법은 예수님의 죽으심과 부활과 승천에서 모두 성취되었습니다. 성전의 휘장은 이미 그가 돌아가셨을 때 둘로 찢어졌습니다. 그러므로 주 예수 그리스도가 바로 제단, 희생물, 정결을 위한 놋대야, 향입니다.[2]

　히브리서에는 이에 대하여 다음과 같이 증언합니다.

　"그러므로 주께서 세상에 임하실 때에 이르시되 하나님이 제사와 예물을 원하지 아니하시고 오직 나를 위하여 한 몸을 예비하셨도다 번제와 속죄제는 기뻐하지 아니하시나니 이에 내가 말하기를 하나님이여 보시옵소서 두루마리 책에 나를 가리켜 기록된 것과 같이 하나님의 뜻을 행하러 왔나이다 하셨느니라 위에 말씀하시기를 주께서는 제사와 예물과 번제와 속죄제는 원하지도 아니하고 기뻐하지도 아니하신다 하셨고 (이는 다 율법을 따라 드리는 것이라) 그 후에 말씀하시기를 보시옵소서 내가 하나님의 뜻을 행하러 왔나이다 하셨으니 그 첫째 것을 폐하심은 둘째 것을 세우려 하

2) 로이드 존스(상), 249-250.

심이라 이 뜻을 따라 예수 그리스도의 몸을 단번에 드리심으로 말미암아 우리가 거룩함을 얻었노라"(히 10:5-10).

"그러므로 형제들아 우리가 예수의 피를 힘입어 성소에 들어갈 담력을 얻었나니 그 길은 우리를 위하여 휘장 가운데로 열어 놓으신 새로운 살 길이요 휘장은 곧 그의 육체니라"(히 10:19-20)

사도 바울은 다음과 같이 증언합니다.

"그리스도는 모든 믿는 자에게 의를 이루기 위하여 율법의 마침이 되시니라 모세가 기록하되 율법으로 말미암는 의를 행하는 사람은 그 의로 살리라 하였거니와, 믿음으로 말미암는 의는 이같이 말하되 … 네가 만일 네 입으로 예수를 주로 시인하며 또 하나님께서 그를 죽은 자 가운데서 살리신 것을 네 마음에 믿으면 구원을 받으리라"(롬 10:4-9).

그 외에도 당시 유대인들에게는 율법이라고 말할 때 또 다른 법이 있었습니다. 곧 서기관들이 만든 법(Scribal Law)입니다. 예수님 당시에 유대인들에게 율법이라면 흔히 이 법을 의미했다고 합니다. 그들은 하나님의 율법을 지킴에 있어, 그 상황에서 어떻게 해야 한다고 하는 자세한 규칙을 만든 것입니다. 그리고 그대로 지켜야 한다고 주장한 것입니다.

예를 들어서, 성경에는 "안식일을 기억하여 거룩하게 지키라. 엿새 동안은 힘써 네 모든 일을 행할 것이나, 일곱째 날은 네 하나님 여호와의 안식일인즉 … 아무 일도 하지 말라"(출 20:8-9)고 기록되어 있습니다. 이것은 하나의 원칙입니다. 그 이상 어떤 규례들(rules or regulations)이 언급되어 있지 않습니다. 그런데 서기관들이, 행하면 안 될 일이 어떤 것인가를 자세히 규정하는 것이었습니다. 그리하여 바클레이 박사가 묘사한 바에 의하면,[3] 그들은 안식일에는, 음식도 건무화과 하나 정도의 무게 이상은 먹으면 안 되고, 우유도 한 모금 이상 마시면 안 되고, 글을 쓰는 것도 제한이 있고, 병자를 고치는 것도 생명의 위협이 있는 것 외에는 안 된다고 하는 등 수없이 많은 규정을 만들었고, 그래서 율법주의자가 된 것입니다.

그 당시 서기관들은 이런 규정들을 만들고 그것들이 율법의 본질인양 주장했던 것입니다. 이런 규정이 처음에는 주로 구두로 전수되어 왔는데, 나중에는 성문화되어 3세기 중반에 미쉬나(Mishna)라고 63쪽으로(영어로 800 페이지 해당) 수록되었다가, 이를 주석하는 글을 붙인 것을 탈무드

---

3) Barclay, 124-126.

(Talmuds)라고 불렀습니다. 거기에는 248개의 명령이 들어 있고 365개의 금지사항이 있다고 합니다. 그들은 이 모든 것을 지키려고 애썼습니다.[4] 바리새인들은 바로 이러한 규정들을 잘 지켰으므로 자신들을 의인이라고 생각했던 것입니다.

2. 예수님의 율법 이해

예수님께서 말씀하신 것은 이러한 율법을 의미하지 않습니다. 오히려 주님은 안식일의 규례 등을 어겼고, 그러한 법도를 어긴 자로서 정죄를 받아 십자가에서 돌아가셨습니다.

본문(마 5:17)의 예수님 말씀은, 예수님께서 그와 같은 유대인의 법, 곧 그러한 규례들을 어긴다고 해서, 그런 율법을 폐하러 온 줄로 오해하지 말라는 것입니다. 예수님은 서기관들이 제시하는 율법에 대한 피상적인 해석을 거부하고 율법의 참된 해석을 제시하심으로써 원래 율법이 주장하고자 하였던 의미를 완전히 드러내신 것입니다. 이렇게 하심으로 주님은 율법을 폐하시는 것이 아니라 도리어 그것들을 완전하게 하셨습니다. 그리고 본문 18절과 19절에서 하나

---

4) 스토트, 95.

님의 법은 지극히 작은 것 하나라도 버림이 없이 지켜져야 한다고 말씀하셨습니다.

한편 본문 20절에서는, 오히려 주님은 믿는 자들의 의가 서기관과 바리새인들의 것보다 더 나아야 한다고 말씀하고 계십니다.

서기관들의 의가 어떤 것이었습니까? 주님께서 기도하러 성전에 올라간 바리새인과 세리의 기도의 태도에 대하여 말씀하신 것에서 알 수 있듯이(눅 18장), 바리새인의 의는 전적으로 외적인 것이었습니다. 자기 자랑이었습니다. 그리하여 주님으로부터 위선자라는 책망을 받았습니다. 하나님이 요구하시는 의는 마음과 관련되어 있습니다마는, 그들의 의는 전적으로 외적이요, 형식적이었습니다. 주님은 그들에게 회칠한 무덤과 같다고 책망하셨습니다(마 23장).

그들은 도덕보다는 의식에 더 관심을 가지고 있었습니다. 그들은 손 씻는 일과 같은 외적 의식면에는 아주 철저하였지만 율법의 도덕적 면에서는 조심스럽지 않았습니다. 그리고 그들은 외적 의무만을 다 하는 것으로 만족했습니다. 더 나아가, 그들은 이런 규칙과 규례를 수단으로 하여 기본적인 율법을 깨뜨렸습니다. 예를 들면, 그들은 말하기를, 우리는 주님께 일정 몫의 돈을 바쳤으니 부모를 돌보거나 그들에게 필요한 것을 해드리지 않아도 된다고 주장했습니다(막 7:11). 이에 대해 주님께서는 "외식하는 자들아 너희는 이런 식으로 네 부모를 공경하라고 한 율법의 요구를 피하고 있다. 곧 너희가 전한 전통으로 하나님의 말씀을 폐하고 있다"(막 7:13)고 책망하셨습니다.

결국 바리새인들의 궁극적 목적은 하나님을 영화롭게 하는 것이 아니라 자기들을 높이는 것이었습니다. 이에 성도는 이런 의도 지켜야 하겠지만, 주님은 더 나아가 마음에서의 순종이 있어야 한다고 말씀하신 것입니다.

하나님의 은혜로 중생한 사람은, 그 속에 하나님의 성품을 가지고 있기에 심령이 가난하고, 온유하며, 긍휼을 베풀며, 마음이 청결합니다. 그래서 그리스도인은 바리새인처럼 규정된 어떤 임무를 수행하였다고 해서 만족하지 않고 의에 주리고 목마르며, 그리스도를 본받아 하나님과 이웃을 사랑하라는 계명을 준행합니다. 서기관들이 율법에 대한 동기에서 행한다면, 신자는 하나님 사랑의 동기에서 행합니다. 따라서 그리스도인의 의는 서기관과 바리새인의 의를 능가하는 것입니다. 그리스도인은 분명 그러해야 합니다.

맺는 말

우리가 기억해야 할 것은, 율법을 지킴에 있어 중요한 것은 율법의 문자뿐만 아니라 율법의 정신이라는 것입니다. 율법은 기계적인 것이 아니라 생명을 주는 것이 되어야 하며, 율법에 일치하는 것은 행동의 관점에서만 생각할 것이 아니라 생각과 동기가 중요하다는 것입니다. 따라서 이런 점을 무시하고 외적인 의만 추구하는 바리새인과 서기관들의 의는 온전한 의가 못 되는 것입니다. 우리 그리스도인의 의는 그 이상이라야 합니다. 우리는 속마음에서 하나님의 사랑에 호응하여 하나님의 법을 지켜야 합니다. 우리는 외적인 의만을 주장하는 바리새인과 서기관들의 의를 비판하면서도, 그렇게 행동하는 경우가 얼마나 많습니까?

주님의 말씀을 따라, 그들과 구별된 삶, 곧 마음으로부터 하나님을 사랑하고 이웃을 내 자신같이 사랑하는 모두가 되어야 하겠습니다.

살인과 간음에 대하여

마태복음 5장 21-30절

"옛 사람에게 말한 바 살인하지 말라 누구든지 살인하면 심판을 받게 되리라 하였다는 것을 너희가 들었으나, 나는 너희에게 이르노니 형제에게 노하는 자마다 심판을 받게 되고 형제를 대하여 라가라 하는 자는 공회에 잡혀가게 되고 미련한 놈이라 하는 자는 지옥 불에 들어가게 되리라 그러므로 예물을 제단에 드리려다가 거기서 네 형제에게 원망들을 만한 일이 있는 것이 생각나거든, 예물을 제단 앞에 두고 먼저 가서 형제와 화목하고 그 후에 와서 예물을 드리라 너를 고발하는 자와 함께 길에 있을 때에 급히 사화하라 그 고발하는 자가 너를 재판관에게 내어 주고 재판관이 옥리에게 내어 주어 옥에 가둘까 염려하라 진실로 네게 이르노니 네가 한 푼이라도 남김이 없이 다 갚기 전에는 결코 거기서 나오지 못하리라"(마 5:21-26)

"또 간음하지 말라 하였다는 것을 너희가 들었으나, 나는 너희에게 이르노니 음욕을 품고 여자를 보는 자마다 마음에 이미 간음하였느니라 만일 네 오른 눈이 너로 실족하게 하거든 빼어 내버리라 네 백체 중 하나가 없어지고 온 몸이 지옥에 던져지지 않는 것이 유익하며, 또한 만일 네 오른손이 너로 실족하게 하거든 찍어 내버리라 네 백체 중 하나가 없어지고 온 몸이 지옥에 던져지지 않는 것이 유익하니라"(마 5:27-30)

마태복음 5장 17절에서 주님은, 주님이 율법을 폐하러 온 것이 아니라, 완전하게 하려 함이라고 선언하셨습니다. 예수님은 과거를 무시하는 것이 아니라 율법의 본질(essence)을 밝힘으로써 그 본 취지를 완전하게 하는 것이었습니다.

오늘 본문 21절에서 주님은 "옛 사람에게 말한바 살인하지 말라 누구든지 살인하면 심판을 받게 되리라 하였다는 것을 너희가 들었으나, 나는 너희에게 이르노니"라고 하시면서 말문을 여십니다. 조금 표현은 다르나, 주님은 간음에 관한 문제(27절), 이혼에 관한 문제(31절), 맹세하는 문제(33절)나, 사랑에 관한 문제(43절)를 언급하실 때도 "~을 너희가 들었으나 나는 너희에게 이르노니"라고 하시면서 설명을 이어가십니다.

주님께서 "옛 사람에게 너희가 들었으나"라고 하실 때에는 누구의 가르침을 가리키는 것입니까? 주님께서 단순히 모세의 율법을 말하고 계시는 것이라고 하는 학자도 있으나, 문맥을 자세히 보면 그렇지 않습니다. 주님은 바리새인과 서기관들의 그릇된 가르침을 지적하고 계시는 것입니다.[1] 주님은 모세의 법이 잘못되었다고 보신 것이 아니

---

1) 로이드 존스(상), 273 참조.

라 서기관들이 잘못 해석하고 있다고 지적하시면서, 율법의 깊은 참뜻을 설명하셨던 것입니다. 주님은 마태복음 5장 21-48절에서 서기관과 바리새인의 그릇된 가르침과 대조하면서 도덕 생활에 있어 새로운 표준(the new standard)을 제시하고 있는 것입니다.

그리고 말씀하시되, "나는 너희에게 이르노니"라고 하십니다. 여기서 우리는 주님께서 율법의 참뜻을 설명하시되 자기를 권유자로 제시하시기를 주저하시지 않는 것을 볼 수 있습니다. 진정 주님만이 모세의 율법의 참뜻을 아시는 분이십니다. 주님은 "나는 모세의 율법을 해석하고 있는데 나의 해석이 참된 해석이다."라고 말씀하시는 것입니다. 이러한 말씀에는 그 이상의 의미가 있습니다. 즉 "너희에게 말하고 있는 나는 모세의 율법에 책임을 지는 바로 그이며, 그러므로 율법을 참으로 해석할 수 있는 것은 나뿐이다."라는 암시를 담고 있는 것입니다.[2]

1. 살인에 대하여 (마 5:21-26)

구약성경을 보면, 하나님은 십계명에서 살인하지 말라고 하였으나 다른 한편으로는 죄인을 죽이라고 명하셨으며, 또

---

2) 로이드 존스(상), 275.

한 하나님의 명령에 따른 전쟁에서는 적군을 죽이라고 명하고 있습니다. 그러므로 여기서 살인하지 말라는 계명은 어떠한 상태에서든지 절대로 사람을 죽이지 말라고 금하는 것이 아니라, 특별한 살인 혹은 살해를 금하는 것으로 이해해야 할 것입니다.[3]

그럼 살인은 어떤 것입니까? 서기관들과 바리새인들은 살인이라는 개념을 살인자의 행동에만 적용하려고 했습니다. 그래서 그들은 살인하는 행위만 하지 않는다면 이 계명을 지킨 것이라고 여겼습니다. 그러나 예수님의 해석은 그들의 것과는 달랐습니다. 주님은 사랑의 의는, 그 금지에 대한 적용은 행동뿐 아니라 생각과 말까지, 살인뿐 아니라 분노와 역설까지도 포함된다고 보고 있습니다. 그러기에 마음으로 남을 멸시하고 욕함으로도 심판을 받는다고 말씀하십니다.

율법의 문자뿐만 아니라 율법의 정신도 중요한 것입니다. 그러기에 금지 사항을 이해함에 있어서 행동 자체와 아울러 생각과 동기도 똑같이 중요한 것입니다. 그런데 바리새인과 서기관들은 율법의 문자에만 관심을 가졌고, 율법의 정신은 제쳐놓았던 것입니다.

이에 주님은 말씀하십니다. "나는 너희에게 이르노니 형제에게 노하는 자마다 심판을 받게 되고 형제를 대하여 라

---

3) 스토트, 107.

가라 하는 자는 공회에 잡혀가게 되고 미련한 놈이라 하는 자는 지옥 불에 들어가게 되리라." 이와 같이 주님의 금지에 대한 적용은 행동뿐 아니라 생각과 말까지, 살인뿐 아니라 분노와 욕설까지도 포함하는 것입니다.

본문 22절에서 말씀하십니다. "형제에게 노하는 자마다 심판을 받게 된다." 이 말씀은 형제에게 불의한 분노, 교만, 허영, 증오, 악의, 복수의 분노를 하였다면 심판을 받는다는 것입니다. 분노를 말한다고 하여 모든 분노가 악한 것이 아니기 때문입니다. 예수님에게서 볼 수 있듯이 거룩하고 순수한 분노, 죄에 대한 분노도 있습니다. 그러나 우리는 조심해야 합니다. 사도 바울은 말합니다. "분을 내어도 죄를 짓지 말며 해가 지도록 분을 품지 말고 마귀에게 틈을 주지 말라"(엡 4:26-27).

22절 하반부를 보면, 욕설도 하면 안 된다고 말씀하시고 계십니다. 형제에게 '라가'라고 하거나 미련한 놈이라고 욕설을 하지 말라는 것입니다. "라가"라는 말은 상대방의 지성을 모욕하는 말로서, '멍텅구리, 바보, 얼간이'라고 욕하는 것입니다. "미련한 놈"이란 그의 마음과 성품에 대한 경멸을 표하는 말로서, 역시 형제를 '바보' 내지는 '어리석은 놈'으로 생각하는 것입니다. [4]

---

4) 스토트, 109-110.

이러한 분노의 생각과 욕설이 살인이라는 행동으로 직접 이어지지는 않을지 모르나, 주님은 이런 것도 하나님이 보시기에 살인과 다름없다고 말씀하시는 것입니다. 따라서 그런 죄를 지은 사람은 살인자가 받는 벌을 받아야 한다고, 곧 하나님의 심판석에서 벌을 받아야 한다고 말씀하시는 것입니다. 율법은 그 문자뿐 아니라 그 정신, 동기도 중요하게 보아야 하기 때문입니다. 예수님의 제자 사도 요한은 그래서 요한일서 3장 15절에서 "그 형제를 미워하는 자마다 살인하는 자니"라고 증언하고 있습니다.

주님은 이처럼 범죄의 성격을 확장하였습니다. 동시에 주님은 형벌의 성격도 확장하시어 22절에서 말씀하시기를, 형제를 모욕하면 공회에 가게 될 뿐 아니라 지옥의 불에 들어가게 될 것이라고 하셨습니다.

주님은 그뿐 아니라 23절 이하에서, 주님이 말씀하신 그 원리에 대한 실제적 적용을 제시하고 계십니다. 율법에 대하여 부정적으로만 생각하지 말고 긍정적으로 생각해야 하는 것입니다. 그러기에 만일 분노와 모욕이 심각하고 위험하다면, 그것을 빨리 피하고 가능한 빨리 조치를 취하라고 다음의 두 가지 예화를 통하여 교훈을 제시하셨습니다.

첫 번째는 "그러므로 예물을 제단에 드리려다가 거기서

네 형제에게 원망들을 만한 일이 있는 것이 생각나거든 예물을 제단 앞에 두고 먼저 가서 형제와 화목하고 그 후에 와서 예물을 드리라"(23-24절)고 교훈하신 부분입니다. 이것은 천국 사랑의 적극적인 면을 보여주는 예시입니다. 이것은 의식보다 도덕을 중시하는 선지자들의 사상, 곧 "인애를 원하고 제사를 원하지 아니하는"(호 6:6) 사상을 그대로 반영한 것입니다. 성도는 마음에 걸리는 문제를 즉시 해결하고 하나님께 나아가야 한다는 것입니다. 주기도문에서도 "우리가 우리에게 잘못한 사람을 용서한 것 같이 우리 죄를 사하여 주시옵소서"라고 기도하라고 주님은 교훈하셨습니다.

예수님은 두 번째 교훈으로, "너를 고발하는 자와 함께 길에 있을 때에 급히 사화하라 그 고발하는 자가 너를 재판관에게 내어 주고 재판관이 옥리에게 내어 주어 옥에 가둘까 염려하라"(마 5:25)고 하셨습니다. 이러한 예시는 우리를 고발하는 자, 곧 대적이 우리를 법으로 처리하려고 하는 상황에 대한 것입니다. 고발하는 자를 향해 진정한 사랑으로 문제를 해결하라는 것입니다. 사안에 따라 법정에 갈 수도 있고 안 갈 수도 있겠지만, 주님이 요구하시는 것은 상대방을 대할 때에 적대감과 원한과 무자비한 승부욕으로 해서는 안 되고 하나님의 사랑으로 마음에 걸리는 문제를 즉시 해결함과 동시에 하나님 나라의 마음을 보여 주라는 것입니다.[5]

우리가 일상생활에서 흔히 보는 대로 사람간의 분쟁이 속히 치유되지 않으면 그 분쟁이나 싸움은 점점 심각해져서 피 흘리는 상황으로 이어집니다. 또는 가족 간의 분쟁으로도 확대됩니다. 그러므로 우리는 겸손하게 피차 잘못을 고백하고 치유하는 일을 즉시 시행해야 한다는 것입니다.

주님은 그 이상의 것을 생각하고 말씀하셨는지도 모릅니다. '너희들이 살아있는 동안에 서로 사화해야지, 그냥 지내다가는 너희도 모르는 사이에 하나님의 심판대 앞에 서서 정죄를 받을지 모른다. 그러니 지체 말고 살아있는 동안에 형제와 사화해라. 너희들이 말하는 탈무드에도 사람이 그 이웃과의 관계가 바르지 않으면 대속죄일에 드리는 제사에서도 하나님이 너희 죄를 용서하시지 않는다고 말하고 있지 않느냐.'라는 의미로 즉시 사화할 것을 재촉하고 계시는 것입니다.[6]

이 두 가지 예화를 통하여 주시는 주님의 말씀은, 요컨대

---

5) 달라스 윌라드, 253 참조.
6) Barclay, 143.

살인이라는 끔찍한 범죄를 저지르는 것을 피하고 싶다면 먼저 모든 사람과 평화롭게 살기 위해 할 수 있는 모든 조치를 적극적으로 취하라는 것입니다.

오늘날 우리 사회에 살인 사건이 얼마나 많습니까? 심지어는 부모들이 어린 자식을 죽이는 일까지 일어나고 있습니다. 이에 우리는 하나님의 살인하지 말라는 계명을 엄숙히 기억해야 하겠습니다. 주님께서 말씀하시는 대로 용서와 사랑으로 살인의 근본 원인인 적개심에서 나오는 미움을 제거해 버려야 합니다. 하나님의 은혜로 마음에 있는 쓴 뿌리 곧 내재적 죄의 씻음을 받아야 합니다.

살인하지 말라고 명령하시는 주님은 말씀하십니다. "새 계명을 너희에게 주노니 서로 사랑하라 내가 너희를 사랑한 것 같이 너희도 서로 사랑하라"(요 13:34). 사도 바울은 권면합니다. "할 수 있거든 너희로서는 모든 사람과 더불어 화목하라 내 사랑하는 자들아 너희가 친히 원수를 갚지 말고 하나님의 진노하심에 맡기라 기록되었으되 원수 갚는 것이 내게 있으니 내가 갚으리라고 주께서 말씀하시니라"(롬 12:18-19).

2. 간음에 대하여 (마 5:27-28)

그 당시, 바리새인들과 서기관들의 견해에 의하면, 간음하는 행동 자체를 하지 않았다면 간음을 하지 않은 것이었습니다. 그들은 성적 죄에 대하여서 협소한 정의를 내리고 성적 순결함에 대하여는 자기 마음대로 광범위한 정의를 내렸습니다.

이에 대하여 예수님께서는 다르게 가르치셨습니다. 행동으로만이 아니라 마음으로도 간음을 범할 수 있다고 하시면서, "음욕을 품고 여자를 보는 자마다 마음에 이미 간음하였느니라"고 말씀하셨습니다. 이는 남자에게나 여자에게나 적용되는 말씀입니다. 여자를 보고 그와 성관계를 갖고자 생각하고 마음에 정하였다면 그는 기회만 있으면 행동으로 이어갔을 것이 아닙니까? 그러기에 이는 이미 간음한 것과 마찬가지라는 것입니다. 살인에 관하여서도 그랬듯이 예수님은 죄란 행동과 행위의 문제만이 아니라 행동으로 이끄는 마음속의 문제라는 것을 지적하고 계시는 것입니다.

그리고 기억할 것은, 이것은 결혼관계 내에서 이루어지는 성적 관계를 말하는 것은 아니라는 것입니다. 부부지간에 있는 자연스러운 성적 관계는 하나님이 허락하신 아름다운 것입니다. 여기서 말씀하시는 것은 결혼한 사람이나 결혼하지 않은 사람들이 범하는 불법적인 혼외정사를 말씀하시는 것입니다.

또한 주님의 말씀은 성욕이나 생각 자체를 죄로 규정하고 계신 것이 아닙니다. 자연 발생적 성욕은 잘못된 것이 아닙니다. 불교에서는 그 자체를 악으로 보지만 기독교에서는 그렇게 보지 않습니다. 그 욕구는 삶에 중요한 기능을 담당하고 있으며, 그 기능을 바로 수행하는 한 선하고 올바른 것입니다.

사도 바울은 디모데전서 4장 4-5절에서, "하나님께서 지으신 모든 것이 선하매 감사함으로 받으면 버릴 것이 없나니 하나님의 말씀과 기도로 거룩하여짐이라"고 했습니다. 그러기에 어떤 사람을 보고서 섹스가 생각난다든지 그에게 매력을 느끼는 것 자체는 죄가 아니라는 것입니다. 또 유혹을 받았다고 해도 그 자체가 죄는 아니라는 것입니다. 예수님께서도 친히 유혹을 받지 않았습니까? 문제는 그 유혹을 물리치지 않고 유혹을 수용하고자 마음에 결심하면 죄가 이미 마음에 성립되었다는 것입니다.

이러한 문제로 적지 않은 청년들이 고민하는 것을 보게 됩니다. 예를 들어 보십시다. 굶주린 사람이 길거리를 지나가는데 옆에서 불에 고기를 굽고 냄새를 풍기고 있다면 배고픈 그는 고기를 먹고 싶을 것입니다. 그러나 그 자체가 죄는 아니라는 것입니다. 그것은 자연스러운 욕구입니다. 그러나 만약 옆에서 굽는 고기가 먹고 싶으니 훔쳐 먹어야 하겠다고 생각하면, 즉 의지의 개입이 따르면, 그는 이미 마음에 도둑질을 한 것과 같다는 것입니다.

그처럼 여자를 보고 음욕을 채울 뜻을 품으면 이미 마음에 간음을 한 것과 같다는 의미입니다. 그러나 여자를 보고 의지 개입 없이 자연스럽게 저절로 발생하는 성적 충동이나 유혹은 그 자체가 죄는 아닙니다. 우리는 그러한 유혹에 대하여 범죄함에 빠져들지 않도록 눈을 통제해야 합니다. 의로운 욥은 말했습니다. "내가 내 눈과 약속하였나니 어찌 처녀에게 주목하랴"(욥 31:1).

3. 죄를 억제해야 합니다. (마 5:29-30)

우리는 하나님이 주신 모든 선물과 기능들을 책임 있게 사용해야 합니다. 그것들은 쉽게 타락하고 오용되고 남용될 수 있기 때문입니다. 그러므로 주님은 죄의 원인이 되고 있는 것들을 처리하고 제거하라고 강하게 말씀하십니다. 주님의 말씀을 들어 보십시오.

"만일 네 오른 눈이 너로 실족하게 하거든 빼어 내버리라 네 백체 중 하나가 없어지고 온 몸이 지옥에 던져지지 않는 것이 유익하며 또한 만일 네 오른손이 너로 실족하게 하거든 찍어 내버리라 네 백체 중 하나가 없어지고 온 몸이 지옥에 던져지지 않는 것이 유익하니라"(마 5:29-30).

이는 참으로 과격한 말씀처럼 보입니다만, 주님은 마태복음 18장과 마가복음 9장에서, 눈을 빼버려 맹인이 되면 여자가 아예 안 보일 것이므로 음욕을 채울 수 없게 될 것이고, 또한 오른손을 잘라내어 죄의 행동을 가능케 하는 몸의 지체를 없애 버리면 살인이라는 불의한 행동을 할 수 없게 될 것이라는 말씀을 하셨습니다. 이는 어떤 의미입니까?

일부 그리스도인들은 예수님의 말씀을 문자 그대로 받아들여 자기 신체를 절단하기도 했다고 합니다만, 우리는 그렇게 이해하면 안 됩니다. 왜냐하면 실제로 신체의 일부를 제거한다고 해서, 우리 마음에서 분노와 멸시 또는 정욕이 일어나지 않을 것이라고 보장할 수 없기 때문입니다. 주님은 말씀하시기를 "속에서 곧 사람의 마음에서 나오는 것은 악한 생각 곧 음란과 도둑질과 살인과 간음과 탐욕과 악독과 속임과 음탕과 질투와 비방과 교만과 우매함이니 이 모든 악한 것이 다 속에서 나와서 사람을 더럽게 하느니라"(막 7:21-23)고 하셨습니다. 그러기에 주님이 그런 뜻으로 말씀하셨다고 보기는 힘듭니다.

그러면 이 말씀은 실제로 무엇을 의미합니까? 그의 말씀은 문자 그대로 신체를 스스로 불구로 만들라는 것이 아니라 도덕적으로 가차 없이 자기를 부인하라는 것입니다. 절단이 아니라 금욕이, 그가 가르친 거룩함의 길입니다(막 8:34; 롬 8:13; 갈 5:24; 골 3:5 참조).[7]

그러므로 주님의 말씀은 "눈이 너희로 하여금 죄를 짓게 한다면 너희 눈을 빼버리라. 즉 보지 말라! 마치 너희가 실제로 너희 눈을 빼서 내어 버린 것처럼, 그래서 지금은 맹인이 되어 그 여자를 볼 수 없게 된 것처럼 행동하라. 또한 유혹이 너의 손을 통하여 와서 죄를 짓게 한다면 그것을 잘라 버리라. 즉 그것을 하지 말라. 너희가 실제로 손을 잘라 버린 것처럼, 단호하게 행동하라."는 뜻입니다. 병영생활에서 보초를 세우는 일이 중요하듯이, 도덕적 보초근무도 중요합니다. 죄에 다가가지 않도록 경계하는 훈련이 필요합니다.[8] 악은 모든 모양이라도 버려야 합니다(살전 5:22).

날로 문란해지는 성적 타락의 문제를 우리는 시정해야 합니다. 성적 타락은 가정의 파멸이요, 사회의 부패요, 사탄이 좋아하는 것입니다. 또한 빈번히 일어나는 살인 사건이 사라지게 해야 합니다. 그러나 살인과 간음의 원인인 분노

---

7) 스토트, 117.
8) 스토트, 117, 119.

와 음욕을 어떻게 처리할 수 있습니까?

불교에서는 그런 생각을 비우라고 하며 도피를 말합니다. 그러나 그렇게 됩니까? 안 됩니다. 철학에서는 이성으로 정감을 억누르라, 이성으로 하여금 인도하게 하라고 합니다. 그러나 이성이 그런 힘이 있습니까? 없습니다.

우리는 주님의 말씀을 따라 금욕의 훈련을 해야 합니다. 예수님을 믿음으로, 예수님이 내 마음을 주장하게 함으로, 곧 성령을 통하여 몸의 행실을 죽임으로 가능한 것입니다.

사도 바울은 아래와 같이 증언하고 있습니다.

"내가 그리스도와 함께 십자가에 못 박혔나니 그런즉 이제는 내가 산 것이 아니요 오직 내 안에 그리스도께서 사신 것이라 이제 내가 육체 가운데 사는 것은 나를 사랑하사 나를 위하여 자기 몸을 버리신 하나님의 아들을 믿는 믿음 안에서 사는 것이라"(갈 2:20).

산상수훈 (11)

이혼에 관하여

마태복음 5장 31-32절

> "또 일렀으되 누구든지 아내를 버리려거든 이혼 증서를 줄 것이라 하였으나 나는 너희에게 이르노니 누구든지 음행한 이유 없이 아내를 버리면 이는 그로 간음하게 함이요 또 누구든지 버림받은 여자에게 장가드는 자도 간음함이니라"(마 5:31-32).

간음 문제에 이어서 자연스럽게 이혼 문제가 나옵니다. 특정한 상황에서는 이혼한 여자가 재혼하거나 이혼한 여자와 결혼하는 남자도 간음하였다고 보기 때문입니다. 당시에 헬라 문화에서는 남자들의 혼외정사를 보통으로 여겼습니다. 여자는 집에서 살림하는 사람으로만 취급되었고, 남자들은 혼외정사를 정상으로 여겼으며 부끄러워하지 않았습니다. 고린도에서는 신전에서 혼사를 행하게 하기도 했습니다. 따라서 이혼이라는 것은 법적 절차도 필요 없이 행하여지곤 했습니다. 두 사람의 증인만 세우고 남자가 자기 마음대로 여자를 내보내는 것이 다반사였습니다.

스토트 박사의 설명에 의하면,[1] 당시 유대에서는 이혼문제에 관하여 견해를 달리하는 두 학파가 있었습니다. 샴마이(Shammai) 학파는 신명기 24장 1절을 가지고 이혼이 성립되는 유일한 근거는 음란뿐이라고 하는 엄격한 입장을 취했습니다. 그런가 하면 힐렐(Hillei) 학파는 대단히 느슨한 견해를 가지고 있었습니다. 그들은 부적절한 것이면 다 이혼의 근거가 될 수 있다고 주장했습니다. 그래서 자기 아내와 이혼하고 싶어 하는 남자라면 어떠한 이유로든지 이를 적용할 수 있었습니다. 아내가 요리를 잘못해도, 아내의 평범한 외모 때문에도, 그저 이혼증서를 주고 아내를 내보낼 수 있었습니다.

그 당시 바리새인들은 힐렐 학파의 유화적 태도에 끌렸습니다. 그래서 사람이 어떤 이유가 있으면 그 아내를 버리는 것이 옳다고 주장한 것입니다(마 19:3 참조).

이는 본질적으로 결혼생활에서 정절을 지키라는 계명의 본뜻이 전도(顚倒)된 것입니다. 이런 이유로 당시의 유대 풍속에서 여자의 위치는 남편의 손에 달려 있는 존재였습니

---

1) 스토트, 123-124.

다. 여자에게는 법적 권리가 없었습니다. 랍비들의 규정에 따르면, 여자는 이혼할 권리가 없었습니다. 오로지 남자에게만 이혼할 권리가 있었습니다. 그리고 이런 남자들에 의한 이혼 사례가 빈번했습니다. 이는 사회의 혼란을 가져오는 문제가 아닐 수 없습니다.

오늘 한국에서도 이혼이 큰 사회 문제로 등장하고 있습니다. 너무나 많은 이혼 사건이 일어나고 있는 것입니다. EBS 방송에서 인용한 2007년의 통계를 보면, 한국에서는 매년 12만~14만쌍의 부부가 헤어지고, 하루 평균 342쌍의 부부가 이혼을 합니다. 2007년 경제협력개발기구(OECD) 국가 중 이혼율이 47.4%로 세계 3위를 차지하고 있다고 합니다.

이혼이 너무나도 빈번한 과거와 오늘의 시대에 예수님께서 바리새인들의 이혼관을 정정하시고, 바른 결혼관을 제시하시며, 결혼에서의 정결을 주장하신 것입니다. 주님이 말씀하십니다.

"또 일렀으되 누구든지 아내를 버리려거든 이혼 증서를 줄 것이라 하였으나 나는 너희에게 이르노니 누구든지 음행한 이유 없이 아내를 버리면 이는 그로 간음하게 함이요 또 누구든지 버림받은 여자에게 장가드는 자도 간음함이니라"(마 5:31-32).

이 두 구절은 주님의 가르침을 아주 짧게 요약한 것으로 보입니다. 실제로 마태복음 19장 3-9절에서는 이혼 문제에 대해 더 자세하게 기록되어 있습니다.

"바리새인들이 예수께 나아와 그를 시험하여 이르되 사람이 어떤 이유가 있으면 그 아내를 버리는 것이 옳으니이까 예수께서 대답하여 이르시되 사람을 지으신 이가 본래 그들을 남자와 여자로 지으시고 말씀하시기를 그러므로 사람이 그 부모를 떠나서 아내에게 합하여 그 둘이 한 몸이 될지니라 하신 것을 읽지 못하였느냐 그런즉 이제 둘이 아니요 한 몸이니 그러므로 하나님이 짝지어 주신 것을 사람이 나누지 못할지니라 하시니 여짜오되 그러면 어찌하여 모세는 이혼 증서를 주어서 버리라 명하였나이까 예수께서 이르시되 모세가 너희 마음의 완악함 때문에 아내 버림을 허락하였거니와 본래는 그렇지 아니하니라. 내가 너희에게 말하노니 누구든지 음행한 이유 외에 아내를 버리고 다른 데 장가드는 자는 간음함이니라"(마 19:3-9; 막 10:2-9; 눅 16:18 참조).

예수님은 바리새인들이 이혼의 근거를 질문한 것에 대해 대답하시지 않고, 우선적으로 하나님께서 세우신 결혼의 제도에 대해 말씀하십니다.

주님은 창세기의 기사를 상기시키면서, 결혼은 인류를 남자와 여자로 창조하신 하나님이 남자가 아내와 합하여 둘이 하나가 되도록 하신 것이기에 영구적인 것이라고 하십니다. 그러므로 하나님이 짝지어 주신 것을 사람이 나누지 못할 것이라고 지적하시는 것입니다. 그러므로 이혼은 하나님이 미워하시는 것입니다(말 2:16).

예수님은 그런 바리새인의 태도를 시정하시면서, 신명기 22, 24장에 나오는 이혼에 대한 모세의 율법은 여자 쪽의 성적 부도덕을 전제로 하고 있음을 지적하셨습니다. 신명기에 있는 말씀을 읽어 보겠습니다.

"사람이 아내를 맞이하여 데려온 후에 그에게 수치되는 일이 있음을 발견하고 그를 기뻐하지 아니하면 이혼 증서를 써서 그의 손에 주고 그를 자기 집에서 내보낼 것이요 그 여자는 그의 집에서 나가서 다른 사람의 아내가 되려니와 그의 둘째 남편도 그를 미워하여 이혼 증서를 써서 그의 손에 주고 그를 자기 집에서 내보냈거나 또는 그를 아내로 맞이한 둘째 남편이 죽었다 하자 그 여자는 이미 몸을 더럽혔은즉 그를 내보낸 전 남편이 그를 다시 아내로 맞이하지 말지니 이 일은 여호와 앞에 가증한 것이라"(신 24:1-4).

이에 근거하여 주님은 "누구든지 음행한 이유[2] 없이 아내를 버리면" 안 된다고 말씀하셨습니다. 그 말씀을 들은 바리새인들은 다음과 같은 질문을 던집니다. "그러면 어찌하여 모세는 이혼증서를 주어서 버리라 명령하였나이까"(마 19:7). 그들은 모세가 마치 이혼을 명령한 것처럼 해석하며 이혼을 가볍게 생각했던 것입니다.

이에 대하여 주님은 말씀하십니다. 그것은 하나님의 본뜻이 아니라 사람들의 마음이 완악한 탓으로, "모세가 … 아내 버림을 허락하였거니와"라고 말씀하셨습니다(마 19:8). 곧 예수님께서 이혼을 허용하는 근거로 제시하신 것은 사람의 마음의 완악함이었습니다.

여기서 주님께서 염두에 두신 것은 남자가, 여자가 음행을 한 경우에도 여자를 버릴 수 없을 경우 여자는 필시 목숨을 잃거나 극심한 학대를 당할 수 있다는 사실입니다. 그렇다면 평생을 비참하게 살게 하는 것보다 이혼하는 것이 낫지 않겠는가 말입니다. 이런 근거에서 주님은 이혼을 완전히 배제하시지는 않았습니다. 이는 그 당시 쉽게 이혼을

---

2) 구약에 "수치스러운 것이 발견되거든"(신 24:1)이라는 말이 무슨 뜻인지, 자세히 설명한 바가 없어 해석이 구구합니다. 한 엄격한 학파에서는 간음을 지칭하는 것이라고 하나 … 간음한 자는 돌로 쳐 죽이게 되어 있었기에, 설득력이 없습니다. 또 주님은 간음한 여자를 돌로 죽이라고 허락하지 않으셨습니다(요 8:11 참조).

하는 관습 가운데에서 이혼을 억제하기 위함과 동시에 이혼 당한 여자를 보호하는 취지였던 것입니다. 그럴 때는 이혼을 통해 여자를 정당하게 딴 곳으로 결혼할 수 있는 자격과 기회를 주라는 것입니다.

주님은 더 나아가 이혼을 삼가야 할 이유를 다음과 같이 말씀하시며 이혼을 삼갈 것을 주장하십니다.

"나는 너희에게 이르노니 누구든지 음행한 이유 없이 아내를 버리면 이는 그로 간음하게 함이요 또 누구든지 버림 받은 여자에게 장가드는 자도 간음함이니라"(마 5:32).

여기서 주님은 음행한 이유 없이 아내를 버리면 이는 그로 간음하게 하는 것이라고 하시면서, 이혼의 영향의 비참함을 언급하십니다.

월라드는 말하기를, 그 당시 이혼한 여자가 갈 수 있는 길은 현실적으로 세 가지뿐이었다고 합니다. 곧 우선 인심 좋은 친척 집에 가서 살거나, 혹 남자를 만나 재혼할 수 있었지만 늘 '불량품' 신세로 구박을 면할 수 없거나, 마지막은 창녀가 되는 길이었습니다. 예수님께서 여자를 버리는 것이 간음하게 하는 것이라는 이유를 이해할 수 있는 대목입니다. 그 당시 여자가 결혼하지 않는다는 것은 여자로서 곧

비참한 미래를 뜻했습니다.[3]

이 모든 것들을 간과하고 당시 바리새인들이 아내가 자기 맘에 들지 않으면 어떻게든 이혼 증서를 주어 이혼할 수 있다고 주장한 것은 하나님의 뜻을 자기 멋대로 남용한 것입니다. 주님은 거듭 말씀하십니다. 음행한 이유 이외에는 이혼의 이유가 하나도 성립되지 못한다는 것입니다. 이는 오늘날 한국의 상황에서도 깊이 받아들여야 할 주님의 교훈입니다. 성경은 말씀합니다.

"모든 사람은 혼인을 귀히 여기고 침소를 더럽히지 않게 하라 음행하는 자들과 간음하는 자들은 하나님이 심판하시리라"(히 13:4).

이 장을 마침에 있어 또 한 가지 생각해야 할 것이 있습니다. 주님은 이혼 문제를 말씀하심에 있어, 자신을 우리에게 율법을 하사하신 분으로 나타내셨습니다. 이스라엘의 특수 사정 때문에, 모세의 율법에는 간음한 자는 돌로 쳐 죽이라고 했지만, 주님은 간음죄 때문에 돌에 맞아 죽지 않아도 되게 하셨습니다.[4] 요한복음 8장에서, 간음하다가 잡혀 온 여자에게 주님께서 정죄하지 않으시고 "가서 다시는 죄를 범

---

3)) 달라스 윌라드, 272.
4)) 로이드 존스(상), 335-336 참조.

하지 말라"(요 8:11)고 말씀하신 것을 볼 때, 주님은 그들도 진정으로 회개하고 믿으면 용서를 받을 수 있다는 것을 암시하신 것으로 생각됩니다.

이제 우리는 예수 그리스도께서 우리 죄를 위하여 십자가에서 돌아가시어 우리 죄를 위한 화목제물이 되심으로(요일 2:1-2), 그 어떤 죄악이든지 진정으로 회개하고 주를 믿으면 용서를 받을 수 있습니다. 이는 하나님의 은혜입니다. 우리는 은혜의 시대에 살고 있는 것입니다. 오늘 우리 사회에 참된 회개운동이 일어나고 가정의 정결함이 유지되기를 기원합니다.

맹세하지 말라

마태복음 5장 33-37절

"또 옛 사람에게 말한 바 헛 맹세를 하지 말고 네 맹세한 것을 주께 지
키라 하였다는 것을 너희가 들었으나, 나는 너희에게 이르노니 도무지
맹세하지 말지니 하늘로도 하지 말라 이는 하나님의 보좌임이요. 땅으
로도 하지 말라 이는 하나님의 발등상임이요 예루살렘으로도 하지 말
라 이는 큰 임금의 성임이요 네 머리로도 하지 말라 이는 네가 한 터럭
도 희고 검게 할 수 없음이라. 오직 너희 말은 옳다 옳다, 아니라 아니
라 하라 이에서 지나는 것은 악으로부터 나느니라"(마 5:33-37)

　　당시 유대인들의 풍속을 보면, 유대인들은 맹세를 하는
경우가 빈번했다고 하며, 종종 그냥 맹세를 하기도 했다고
합니다. 그들은 하나님의 이름이 사용되지 않은 서원들은
별로 세심하게 지킬 필요가 없다고 생각했기 때문에, 바리
새인들은 하나님의 이름으로도 맹세했습니다. 그들은 하나
님의 이름으로 맹세하면 하나님이 맹세의 한 대상(partner)
이 된다고 생각하여, 그렇게 맹세를 하면 꼭 지켜야 하는

것으로 생각했던 것입니다.

또 어떤 바리새인들은 하나님의 이름으로 맹세하는 것이 하나님의 계명을 어긴다고 생각하여, 하나님의 이름 대신에 하늘로, 성전으로, 예루살렘으로, 머리로 맹세하기도 했습니다.

당시 바리새인들이 그렇게 맹세를 한 동기는, 자기들이 말하는 것과 원하는 것에 관해 다른 사람의 동조를 얻어 내기 위한 것이었습니다. 곧 자기주장을 관철시키려는 것이었습니다. 그래서 자신의 말에 무게를 더하기 위하여 하나님의 이름을 걸고 맹세하곤 했습니다. 결국 맹세는 인간의 진실하지 못한 데서 비롯된 것입니다. 이는 악한 동기임을 알 수가 있습니다.

이에 대한 예수님의 말씀은 하나님의 이름을 망령되이 일컫지 말라는 것입니다(출 20:7). 이 같은 바리새인들의 궤변을 반박하시면서 주님은 다음과 같이 말씀하십니다.

"나는 너희에게 이르노니 도무지 맹세하지 말지니 하늘로도 하지 말라 이는 하나님의 보좌임이요, 땅으로도 하지 말라 이는 하나님의 발등상임이요 예루살렘으로도 하지 말라 이는 큰 임금의 성임이요 네 머리로도 하지 말라 이는 네가

한 터럭도 희고 검게 할 수 없음이라 오직 너희 말은 옳다 옳다, 아니라 아니라 하라 이에서 지나는 것은 악으로부터 나느니라"(마 5:34-37).[1]

하나님이 안 계시는 곳이 없는데 그냥 맹세한다고 한들 무슨 차이가 있느냐는 것입니다. 그렇기 때문에 이 율법의 진짜 의미는, 우리가 약속을 지켜야 하고 자신의 말에 충실한 사람이 되어야 한다는 것입니다. 그러면 맹세나 서원은 필요하지 않게 됩니다. 그래서 주님께서 말씀하십니다. "도무지 맹세하지 말라." "오직 너희 말은 옳다 옳다, 아니라 아니라 하라 이에서 지나는 것은 악으로부터 나느니라."[2]

이는 우리에게 주는 중요한 교훈입니다. 신자들의 말이 교회 안에서나 사회에서나 차이가 없어야 합니다. 거짓말을

---

1) 그런 궤변에 대한 주님의 경멸을 마태는 나중에 마 23:16-22에서 다음과 같이 기록했습니다. "화 있을진저 눈 먼 인도자여 너희가 말하되 누구든지 성전으로 맹세하면 아무 일 없거니와 성전의 금으로 맹세하면 지킬지라 하는도다. 어리석은 맹인들이여 어느 것이 크냐 그 금이냐 그 금을 거룩하게 하는 성전이냐, 너희가 또 이르되 누구든지 제단으로 맹세하면 아무 일 없거니와 그 위에 있는 예물로 맹세하면 지킬지라 하는도다. 맹인들이여 어느 것이 크냐 그 예물이냐 그 예물을 거룩하게 하는 제단이냐, 그러므로 제단으로 맹세하는 자는 제단과 그 위에 있는 모든 것으로 맹세함이요, 또 성전으로 맹세하는 자는 성전과 그 안에 계신 이로 맹세함이요, 또 하늘로 맹세하는 자는 하나님의 보좌와 그 위에 앉으신 이로 맹세함이니라."
2) 스토트, 135.

별로 중하게 생각하지 않는 한국 문화에서, 우리는 거짓말이 큰 죄임을 인식하고 말의 정직성을 지켜야 하겠습니다. 거짓말을 해서는 안 됩니다. 과장하는 말을 해서는 안 됩니다. 과장은 거짓말이 되기 때문입니다. 약속한 것은 성실히 지켜야 합니다.

이 시점에서 우리 마음속에 일어나는 질문이 있습니다. '그러면 맹세를 전혀 하지 말라는 것인가?' 성경에서 우리는 맹세의 장면을 가끔 발견합니다. 하나님도 성경에서 서약을 사용하셨습니다. 예를 들어 하나님께서 아브라함에게 "내가 나를 가리켜 맹세하노니 … 내가 네게 큰 복을 주고"(창 22:16-17; 히 6:13-18 참조)라고 말씀하셨습니다. 이는 우리의 믿음을 이끌어 내고 확증하기 위함이었습니다. 즉 우리의 불신 때문에 그렇게 하신 것입니다.[3]

요셉도 자기 형제들에게 맹세하게 했으며, 요나단도 다윗에게 맹세하게 했습니다. 사도 바울도 로마서 9장 1절에서 "내가 그리스도 안에서 참말을 하고 거짓말을 아니하노라 … 내 양심이 성령 안에서 나와 더불어 증언하노라"고 했습니다. 즉 어떤 특별한 계기를 맞이했을 때 사람들은 엄숙하고 심각하게 맹세를 했음을 알 수 있습니다. 이런 일에서

---

3) 스토트, 135.

우리가 결론 내릴 수 있는 것은, 맹세가 제한되어 있기는 하되 엄숙하고 매우 중요한 경우, 정당하고 합법적일 뿐 아니라 다른 아무 것과도 비교할 수 없는 엄숙성과 권위를 추가하고 있다는 것입니다.[4]

오늘날 결혼식에서 하는 서약을 그 한 예로 들 수 있겠습니다. 남녀가 서로 서약하고 맹세하지만 이러한 서약이 잘 지켜지지 않고 있다는 것이 현실 아니겠습니까? 이는 비극이라 할 수 있습니다. 정당하게 서원한 것은 엄숙히 지켜져야 합니다.

신명기 23장 21절에서 성경은 말합니다. "네 하나님 여호와께 서원하거든 갚기를 더디 하지 말라 네 하나님 여호와께서 반드시 그것을 네게 요구하시리니 더디면 네게 죄라."

---

4) 로이드 존스, 산상설교(상), 345.

보복하지 말고 선대하라

마태복음 5장 38-42절

"또 눈은 눈으로 이는 이로 갚으라 하였다는 것을 너희가 들었으나 나
는 너희에게 이르노니 악한 자를 대적하지 말라 누구든지 네 오른편 뺨
을 치거든 왼편도 돌려 대며 또 너를 고발하여 속옷을 가지고자 하는
자에게 겉옷까지도 가지게 하며, 또 누구든지 너로 억지로 오 리를 가
게 하거든 그 사람과 십 리를 동행하고 네게 구하는 자에게 주며 네게
꾸고자 하는 자에게 거절하지 말라"(마 5:38-42)

구약성경에서 "눈은 눈으로, 이는 이로"라는 표현은 출애
굽기 21장 24절, 신명기 19장 21절에 나옵니다. 여기 언급
된 문맥을 보면, 이것은 이스라엘 재판장들에게 준 지시라
는 것을 분명하게 알 수 있습니다.[1]

이 율법의 주된 의도는 분쟁이 났을 때, 그에 대한 지나친
확대와 분노 및 폭행, 복수의 욕망을 통제하는 데에 있었습
니다. 죄인인 인간에게는 누군가가 사소한 해를 당해도 분

---

1) 스토트, 139; 로이드 존스, 351.

노하여 상대방을 크게 해치려는 욕망이 있습니다. 심하면 죽이기까지 하려고 합니다. 이런 성향이 이스라엘 백성들에게 나타나고 있었습니다. 그러므로 이 율법의 목적은 이 같은 혼란 상태를 어느 정도 줄여서 질서를 바로잡기 위한 것이었습니다.

그런데 당시의 바리새인과 서기관들은 이를 대인관계 영역으로 확장시켜 개인적 보복을 정당화하기 위해 그것을 사용했던 것입니다. 개인 복수를 위한 변명 또는 근거로 활용한 것입니다. 이에 대하여 예수님은 그 율법의 본뜻이 그런 것이 아님을 지적하시면서, "악한 자를 대적하지 말라"고 하셨습니다. 보복하지 말라는 것입니다. 이를 적극적으로 표현하면, 오른편 뺨을 치거든 왼편도 돌려 대라는 것입니다. 그런데 이 교훈은 국가나 세계를 위한 것이 아닙니다. 주님께서 팔복에서 이미 서술하신 사람들 곧 그리스도인 개인들에게 하신 말씀입니다. 우리는 국가의 의무와 개인의 의무나 기능은 상당히 다르다는 것을 알아야 합니다.[2]

그러면 오른편 뺨을 치거든 왼편도 돌려 대라는 말씀은 무슨 의미입니까?

물론 여기에 담긴 뜻은 문자적으로보다는 영적으로 봐야

---

2) 스토트, 150.

하겠지만,[3] 당시에 오른편 손등으로 때리는 것은 상대방을 아주 모독하는 것으로 간주되었습니다. 그런데 그렇게 모독을 당해도 보복할 생각을 하지 말라는 것입니다.

예수님은 당시의 세리와 창녀의 친구라고 모독을 당했습니다. 마지막에는 군인들이 예수님께 가시관을 씌웠고, 그 얼굴에 침을 뱉었고, 손으로 때렸습니다. "유대인의 왕이여 평안할지어다" 하면서 조롱했습니다. 그러나 주님은 그들에게 잔인한 조롱을 끝까지 계속하도록 허용하심으로 보복을 완전히 거부하는 모습을 보여 주셨습니다.

베드로가 이에 대하여 증언했습니다. "[그리스도는] 욕을 당하시되 맞대어 욕하지 아니하시고 고난을 당하시되 위협하지 아니하시고 오직 공의로 심판하시는 이에게 부탁하시며"(벧전 2:23).

예수님의 정신을 이어받은 사도 바울은 악을 행하는 사람에 맞서 그리스도인 개인이 취해야 할 자세에 대해 로마서에서 다음과 같이 말하고 있습니다.

"내 사랑하는 자들아 너희가 친히 원수를 갚지 말고 하나님의 진노하심에 맡기라 기록되었으되 원수 갚는 것이 내게 있으니 내가 갚으리라고 주께서 말씀하시니라 네 원수가 주리거든 먹이고 목마르거든 마시게 하라 그리함으로 네가 숯

---

3)) 로이드 존스(상), 353.

불을 그 머리에 쌓아 놓으리라 악에게 지지 말고 선으로 악을 이기라"(롬 12:19-21).

그 다음에 나오는 세 개의 짧은 예도 모두 보복하지 않는 그리스도인의 원리를 적용하여, 어느 정도까지 그렇게 해야 하는지를 보여 주고 있습니다.

먼저, 본문 40절에서는 속옷을 달라 하면 겉옷까지도 가지게 하라고 하십니다. 당시 유대 풍속에 의하면 속옷은 늘 갈아입는 것이지만, 겉옷(the cloak 망토, 외투)은 담요처럼 큰 것입니다. 그래서 낮에는 예복처럼 입고 다니다가 밤에는 담요(이불)로 사용하였다고 합니다. 유대법에 의하면 속옷을 요구하며 고발하는 것이 불법은 아니기는 해도 겉옷을 요구하며 고발할 수는 없게 되어 있었습니다.[4] 이러한 배경을 기반으로 본문의 경우를 상상해 보면, 속옷을 요구하는 그는 겉옷도 요구하고 싶었으나, 그런 법 때문에 요구를 못하였을 것으로 추측됩니다. 그러한 상황을 가정하며 주님은 말씀하신 것입니다. 그가 속으로 원하고 있는 겉옷까지도 가지게 하라고 말입니다.

여기서 주님이 하시는 말씀의 요지는, 성도는 자기의 권

---

4) 로이드 존스(상), 364.

리를 주장함으로 다투지 말라는 것입니다. 자기의 권리를 주장하는 자세보다는 자기의 의무를 생각하고, 자기의 특권을 내세우는 것보다 자기의 책임을 더 생각하며 이웃에게 사랑을 베풀라는 교훈인 것입니다.

이런 주님의 마음은 다음 두 번째 예에도 적용됩니다. 41절에서 주님은, 누구든지 억지로 오 리를 가게 하거든 그 사람과 십 리를 동행하라고 하십니다. 예를 들면, 상사가 어떤 일을 여기까지만 하라고 명하면, 억지로 하거나 분노심(resentment)을 가지고 할 것이 아니라 기쁜 마음으로 은혜스럽게 넉넉히 일을 하라는 것입니다. 다른 말로 표현하면, 나에게 주어진 의무만 한다는 생각으로 하지 말고 봉사하는 특권이 나에게 있구나 하고 일하라는 예수님의 교훈입니다.

또 42절에서 주님은, 구하는 자에게 주고 꾸고자 하는 자에게 거절하지 말라고 세 번째 예를 들어 말씀하십니다. 곧 주님은 받는 자가 수치감을 느끼게 해서는 안 되며, 돕는 것은 그에게 걸맞게 해야 한다고 교훈하시는 것입니다. 구제에 대하여 신명기에서는 다음과 같이 말하고 있습니다.

"네 하나님 여호와께서 네게 주신 땅 어느 성읍에서든지 가난한 형제가 너와 함께 거주하거든 그 가난한 형제에게 네 마음을 완악하게 하지 말며 네 손을 움켜 쥐지 말고, 반드시 네 손을 그에게 펴서 그에게 필요한 대로 쓸 것을 넉넉히 꾸어주라 … 너는 반드시 그에게 줄 것이요, 줄 때에는 아끼는 마음을 품지 말 것이니라 이로 말미암아 네 하나님 여호와께서 네가 하는 모든 일과 네 손이 닿는 모든 일에 네게 복을 주시리라"(신 15:7-8, 10).

사도 바울은 권합니다. "형제를 사랑하여 서로 우애하고 존경하기를 서로 먼저 하며 부지런하여 게으르지 말고 열심을 품고 주를 섬기라"(롬 12:10-11).

이 예수님의 교훈이야말로, 특히 한국 사람들이 마음속 깊이 받아들여야 할 말씀입니다. 한국의 고사를 보면 한국 사람들은 원수 갚는 것을 무조건 하나의 의무라고 생각하고 서로 싸웠습니다. 오늘날도 그렇습니다. 이에 우리는 주님의 말씀을 순종하여 원수 갚는 일을 하지 않아야 합니다. 사도 바울의 권고대로, 서로 우애하고 존경하기를 서로 먼저 하며 부지런하여 게으르지 말고 열심을 품고 주를 섬기는 자가 되어야 하겠습니다(롬 12:10-11).

원수를 사랑하라

마태복음 5장 43-48절

"또 네 이웃을 사랑하고 네 원수를 미워하라 하였다는 것을 너희가 들었으나 나는 너희에게 이르노니 너희 원수를 사랑하며 너희를 박해하는 자를 위하여 기도하라 이같이 한즉 하늘에 계신 너희 아버지의 아들이 되리니 이는 하나님이 그 해를 악인과 선인에게 비추시며 비를 의로운 자와 불의한 자에게 내려주심이라 너희가 너희를 사랑하는 자를 사랑하면 무슨 상이 있으리요 세리도 이같이 아니하느냐 또 너희가 너희 형제에게만 문안하면 남보다 더하는 것이 무엇이냐 이방인들도 이같이 아니하느냐 그러므로 하늘에 계신 너희 아버지의 온전하심과 같이 너희도 온전하라"(마 5:43-48)

1. 사랑의 법칙

당시 유대 사람들이 가지고 있는 사랑의 법칙은, 자기 민족에 대하여는 사랑하고 네 원수는 미워하라는 것이었습니다. 이는 "네 이웃 사랑하기를 네 자신과 같이 사랑하라"는 레위기 19장 18절의 말씀을 인용하고 있는 듯 하나 실은 구약에 네 원수를 미워하라는 구절은 없습니다.[1] 그런데 당시 유대 지도자들은 동료 유대인을 이웃으로, 이방인은 원수 (enemy)로 취급하고 미워했던 것입니다.

이에 주님께서는 말씀하시기를, "너희 원수를 사랑하며 너희를 박해하는 자를 위하여 기도하라" 하셨습니다. 예수님은 "너희와 함께 있는 거류민을 너희 중에서 낳은 자 같이 여기며 자기 같이 사랑하라 너희도 애굽 땅에서 거류민이 되었었느니라 나는 너희의 하나님 여호와이니라"라는 레위기 19장 34절에 있는 말씀을 상기시키신 것인지도 모릅니다. 어쨌든 예수님의 말씀은 당시 유대인에게는 혁명적인 말씀으로 받아들여졌을 것입니다.

그리스도인은 하나님의 아들이 되었으니 아버지와 같이 행해야 하고, 또한 할 수 있다고 말씀하시면서, 45절에서 "하나님이 그 해를 악인과 선인에게 비추시며 비를 의로운 자와 불의한 자에게 내려주심이라"는 것을 상기시켰습니다.

---

1) 구약성경 시편에는 어떤 사람에게 저주를 내리고 있는 것을 볼 수 있습니다. 하나의 실례로 시편 69편을 들 수 있습니다. 여기에서 저자는 "주의 분노를 그들의 위에 부으시며 주의 맹렬하신 노가 그들에게 미치게 하소서"라고 했습니다. 그러나 이런 명령은 개인적인 것이 아니라 사법적인 것으로 간주해야 하는 것입니다. [로이드 존스(상), 388].

이 점에 있어 그리스도인은 이방인과 구별되게 살아야 한다고 46-47절에서 말씀하십니다.

"너희가 너희를 사랑하는 자를 사랑하면 무슨 상이 있으리요 세리도 이같이 아니하느냐 또 너희가 너희 형제에게만 문안하면 남보다 더하는 것이 무엇이냐 이방인들도 이같이 아니하느냐"

이어서 주님은 말씀하시기를, "그러므로 하늘에 계신 너희 아버지의 온전하심과 같이 너희도 온전하라"(마 5:48)고 하셨습니다. 여기서 "온전"(또는 완전)이라는 말은 헬라어의 '텔레이오스'(τέλειος)인바, 이는 철학에서 말하는 추상적이고 형이상학적인 의미의 '온전'이 아닙니다. 이 말은 기능적인 의미가 있는 것으로, 목적하는 바를 충분히 실현하면 이를 온전하다고 표현하는 것입니다. 예를 들어서 제사를 드릴 때 사용해야 할 제물이 흠이 없어 제사를 잘 드릴 수 있었다면 그 제물은 온전하다고 했던 것입니다.[2]

누가는 이를 누가복음 6장 36절에서 "너희 아버지의 자비하심 같이 너희도 자비하라"고 표현했습니다. 그러므로 이 말씀은 한마디로 요약해서 하나님 아버지가 우리를 사랑하

---

2) Barclay, 176.

시는 것처럼 우리도 온전히 사랑해야 한다는 뜻입니다.

주님께서 원수를 사랑하라 하셨는데 이것이 가능한 것입니까? 어떻게 원수를 사랑할 수 있다는 말입니까? 네 원수를 사랑하며 박해하는 자를 위하여 기도하라고 하셨는데 어떻게 그리할 수 있다는 말입니까? 그러한 사랑과 기도하고자 하는 마음이 우리 마음에서 우러나올까요?

여기에서 주님의 말씀하시는 참 뜻을 바로 이해하기 위해서 주님께서 표현하신 사랑이 어떤 사랑인가를 살펴봐야 합니다.

헬라어에는 사랑을 표현하는 말이 몇 가지가 있습니다. '에피수미아'(ἐπιθυμία), '에로스'(ἐρωσ), '필리아'(φιλία), '아가페'(ἀγάπη)로 표현되는 사랑이 그것입니다. 이는 각각 다른 의미의 사랑을 표현하고 있습니다.

'에피수미아'(ἐπιθυμία)는 즉흥적인 충동에서 나오는 사랑입니다. 안목의 정욕, 육신의 정욕(요일 2:16) 등이 이에 속합니다. 그런데 이러한 즉흥적인 사랑, 욕정의 발로에서 나오는 사랑으로 원수를 사랑할 수는 없습니다. 성경은 말합니다. 이는 아버지께로부터 온 것이 아니며(요일 2:16) 아버지의 사랑이 그 속에 있지 아니하다(요일 3:15)고 말합니다.

'에로스'(ερωσ)는 성적인 사랑에 해당되는 사랑입니다. 이는 자신이 뭔가 허전해서 그를 채우려는 동기나 감정에서 나오는 사랑입니다. 이기적인 사랑입니다. 그러므로 이 사랑은 모든 사람을 사랑할 수가 없습니다. 자기에게 필요한 사람만을 사랑합니다.

'필리아'(φιλία)는 친구를 향한 사랑입니다. 성경은 이 사랑은 세상과 벗하는 것(약 4:4)이라고 표현했습니다. 공리주의의 근거입니다. 곧 네가 나를 사랑하니 나도 너를 사랑한다고 하는 조건적인 사랑입니다. 그리하여 이 사랑은 원수를 사랑할 수 없습니다. 성경은 말하기를 "이가 하나님과 원수 되는 것을 모르느냐"(약 4:4)고 하였습니다.

주님은 사랑하라고 말씀하실 때에 이런 종류의 사랑을 말씀하신 것이 아닙니다. 우리 주님이 말씀하신 것은 '아가페'(ἀγάπη)의 사랑입니다. 아가페는 의지적인 사랑입니다. 상대방이 나에게 어떻게 하였든지 간에 개의치 않고 마땅히 상대방에게 해야 할 일을 의지적으로 행하는 사랑입니다. 그러기에 여기에는 감정이 따르지 않을 수 있습니다.

주님은 원수를 사랑하라 하실 때 이 '아가페'(ἀγάπη)라는 단어를 사용하셨습니다. 그러기에 이 사랑은 나의 마음에서 나오거나 이해타산에서 나오는 그런 사랑이 아닙니다. 이 사랑은 의지적인 행동을 의미합니다. 그러므로 이 사랑은 어떤 의미에서는 자연인에게 본능적으로 일어나는 것을 극복하는 승리를 의미합니다. 그래서 이 아가페 사랑은 주님의 은총을 입은 신자만이 할 수 있는 사랑입니다. 예수님께서 우리를 도우심으로 가능한 사랑입니다. 이는 하나님께로부터 나오는 사랑(agape)입니다(요일 4:19). 하나님께서 예수의 십자가에서 나타내신 사랑입니다.

사도 바울은 말합니다. "우리가 아직 연약할 때에 기약대로 그리스도께서 경건하지 않은 자를 위하여 죽으셨도다 의인을 위하여 죽는 자가 쉽지 않고 선인을 위하여 용감히 죽는 자가 혹 있거니와, 우리가 아직 죄인 되었을 때에 그리스도께서 우리를 위하여 죽으심으로 하나님께서 우리에 대한 자기의 사랑을 확증하셨느니라 그러면 이제 우리가 그의 피로 말미암아 의롭다 하심을 받았으니 더욱 그로 말미암아 진노하심에서 구원을 받을 것이니 곧 우리가 원수 되었을 때에 그의 아들의 죽으심으로 말미암아 하나님과 화목하게 되었은즉 화목하게 된 자로서는 더욱 그의 살아나심으로 말미암아 구원을 받을 것이니라"(롬 5:6-10).

이런 하나님의 사랑을 받고 감격한 그리스도인은 주님의 분부에 따라 의지적으로 원수도 사랑하는 것입니다. 우리가 원수 되었을 때 그 분이 자신의 원수들을 위해 자신을 주셨다면(롬 5:10), 우리도 우리 원수들을 위해 사랑으로 자신을 희생해야 한다는 것입니다.

베드로는 말합니다. "너희가 진리를 순종함으로 너희 영혼을 깨끗하게 하여 거짓이 없이 형제를 사랑하기에 이르렀으니 마음으로 뜨겁게 서로 사랑하라"(벧전 1:22).

이 사랑은 원수나 나를 박해하는 자들을 위한 기도로 나타납니다. 주님께서 하나님의 아들이 되었으면, 아버지께서 하시는 것처럼 우리도 행해야 한다고 말씀하시는 것입니다. 물론 이는 양에(in quantity) 있어서 크게 차이가 있겠지만, 그 목적과 방향에서는 아버지가 온전하신 것과 같이 온전해야 하는 것입니다.

오늘 우리 사회 곳곳에서는 서로 반목하며 싸우는 양상들이 많이 표출되고 있습니다. 이러한 혼란의 상황 속에서 우리는 주님의 말씀을 신중하게 받아들여 사랑의 운동이 일어나게 해야 하겠습니다.

주님은 또 말씀하십니다. "새 계명을 너희에게 주노니 서로 사랑하라 내가 너희를 사랑한 것 같이 너희도 서로 사랑하라 너희가 서로 사랑하면 이로써 모든 사람이 너희가 내 제자인 줄 알리라"(요 13:34-35).

사도 요한은 말합니다. "사랑하는 자들아 하나님이 이같이 우리를 사랑하였은즉 우리도 서로 사랑하는 것이 마땅하도다. 어느 때나 하나님을 본 사람이 없으되 만일 우리가 서로 사랑하면 하나님이 우리 안에 거하시고 그의 사랑이 우리 안에 온전히 이루어지느니라"(요일 4:11-12).

하나님의 사랑을 한없이 받은 그리스도인은 주님의 분부대로 다른 사람을 사랑하여야 합니다. 그리고 그 사랑은 말과 행동과 기도로 표현되어야 합니다. 그렇습니다. 우리는 우리를 저주하는 사람을 축복해야 합니다. 신랄한 말에 대하여 친절한 말로 응답해야 합니다. 나를 미워하는 자들에게 선행을 베풀어야 합니다. 그리고 나에게 악행하고 박해하는 원수를 위해서도 기도하고 사랑해야 합니다.[3]

---

3) 로이드 존스(상), 396.

산상수훈 (15)

구제에 대하여

마태복음 6장 1-4절

"사람에게 보이려고 그들 앞에서 너희 의를 행하지 않도록 주의하라
그리하지 아니하면 하늘에 계신 너희 아버지께 상을 받지 못하느니라
그러므로 구제할 때에 외식하는 자가 사람에게서 영광을 받으려고 회
당과 거리에서 하는 것 같이 너희 앞에 나팔을 불지 말라 진실로 너희
에게 이르노니 그들은 자기 상을 이미 받았느니라 너는 구제할 때에 오
른손이 하는 것을 왼손이 모르게 하여 네 구제함을 은밀하게 하라 은밀
한 중에 보시는 너의 아버지께서 갚으시리라"(마 6 : 1-4)

　　예수님께서는 의에 대하여 계속 가르치시고 계십니다. 5
장에서 친절함, 정결함, 사랑 등 도덕적 의를 말씀하신 주
님은, 6장에 와서 종교적 의에 대하여, 곧 구제, 기도, 금식
등에 관하여 말씀하십니다. 당시에는 유대인의 의로운 생활
로서 구제, 기도, 금식은 필수였습니다.

　　주님은 그리스도인의 종교적 의와 관련하여 두 가지의 대
조를 하시면서 교훈하십니다. 먼저 바리새인들의 위선적 종

교에 대하여 말씀하시면서 "너희는 … 외식하는 자와 같이 하지 말라"(마 6:5)고 하십니다. 그리고서 다음으로 이교도들의 기계적인 형식주의를 언급하시면서, "그들을 본받지 말라"(마 6:8)고 주의시키십니다.

오늘날에 있어서도 구제와 기도, 그리고 금식은 그리스도인들이 해야 할 의무입니다. 이 의무들을 행함으로써 우리는 악에서 떠나야 할 뿐만 아니라, 선을 행하되 그것을 잘 행해야 합니다. 이에 주님은 말씀하십니다. "사람에게 보이려고 그들 앞에서 너희 의를 행하지 않도록 주의하라 그리하지 아니하면 하늘에 계신 너희 아버지께 상을 받지 못하느니라"(마 6:1).

이 말씀을 통하여 주님께서 근본적으로 경고하시는 것은 사람에게 보이려고 그들 앞에서 너희 의를 행하지 말라는 것입니다. 우리의 종교적 선행은 자기를 들어내기 위한 인간적 허식에서 할 것이 아니라 비밀에 붙여 그것을 자랑하거나 자기가 영광을 받도록 하지 말고 오로지 하나님께 영광이 돌아가도록 해야 한다는 것입니다.

이 구절은 앞에서 말씀하신바 "너희 빛이 사람 앞에 비치게 하여 그들로 너희 착한 행실을 보고"(마 5:16)라는 명령과 모순되는 것처럼 보이지만 그렇지 않습니다. 이는 오로지 하나님 아버지께 영광을 돌리도록 빛을 비치라고 하신 것이지, 신자의 영광을 위한 것이 아니기 때문입니다.

마태복음 6장 2-4절에서는 구제에 대하여 말씀하고 계십니다.

"그러므로 구제할 때에 외식하는 자가 사람에게서 영광을 받으려고 회당과 거리에서 하는 것 같이 너희 앞에 나팔을 불지 말라 진실로 너희에게 이르노니 그들은 자기 상을 이미 받았느니라 너는 구제할 때에 오른손이 하는 것을 왼손이 모르게 하여 네 구제함을 은밀하게 하라 은밀한 중에 보시는 너의 아버지께서 갚으시리라"

여기서 우리는 다음의 몇 가지 사실을 생각해볼 수 있습니다.

1. 구제는 중요한 의무입니다.

구약에는 가난한 사람들을 긍휼히 여기라는 교훈이 많이 나옵니다. 우리 하나님은 인자하시어 악한 자에게도 자비로우십니다(눅 6:35-36 참조). 하나님은 자비로우신 아버지이시기에 그의 백성인 그리스도인 역시 인자하고 자비로워야 합니다. 따라서 구제는 그리스도의 모든 제자들이 각자의 능력에 따라서 적극적으로 참여해야 하는 의무입니다. 이는 하나님 아버지께서 기뻐하시는 일이기 때문입니다.

구제가 그리스도인의 중요한 의무라는 데에서 더 나아가, 구제는 하나님이 하시는 명령이라는 것을 기억해야 합니다 (갈 2:10; 딤전 6:18 참조). 그러므로 복음으로 부요하게 된 성도는 마땅히 자기 자신의 소유물을 가지고 이웃의 가난한 형제를 돌아보아야 할 것입니다.

잠언에도 기록되어 있습니다. "가난한 사람을 학대하는 자는 그를 지으신 이를 멸시하는 자요 궁핍한 사람을 불쌍히 여기는 자는 주를 공경하는 자니라"(잠 14:31). 그러므로 이웃을 구제하는 것은 당연한 것입니다.

2. 구제에는 큰 보상이 따릅니다.

성경은 "구제하는 것이 하늘에 쌓이는 보물과도 같다"고 했습니다(마 6:19-21; 눅 12:33 참조). 예수님께서 작은 아이 하나에게 행한 구제가 곧 하나님께 행한 것이라고 말씀하셨습니다(마 25:40 참조). 또 성경은 구제가 하나님께 꾸어드리는 것이라고까지 강조했습니다(잠 19:17 참조). 주님께 꾸이는 구제, 이것만이 우리가 주님께 꾸어드릴 수 있는 유일한 것이며, 가장 큰 축복으로 되돌려 받을 수 있는 것입니다.

그러므로 우리는 구제하는 자가 되어야 합니다. 하나님의 은혜에 감격할 때 성도는 구제를 하게 됩니다. 믿음의 조상 아브라함을 비롯한 많은 신앙의 선배들은 타인에게 베풀기를 좋아했습니다(행 9:36, 10:2, 4, 31; 히 13:2 참조).

3. 구제하되 바른 동기에서 해야 합니다.

(1) 주님은 외식하는 구제를 경계하십니다.

그 당시 바리새인들은 실제로 구제를 했습니다. 구제는 그들이 해야 할 의무 가운데 하나였기 때문입니다. 그러나 그들의 구제는 하나님께 대한 어떤 순종의 원칙이나 사람들에 대한 사랑으로부터 나온 것이 아니라 교만과 허영으로부터 나온 것이었습니다. 그들은 가난한 자들을 불쌍히 여겨서가 아니라 순전히 자신을 과시하기 위해서 구제를 했습니다. 이러한 의도에 따라서 그들은 일부러 자신을 나타내기 위해 많은 군중들이 모이는 회당과 거리에서 구제하려고 했습니다. 구제를 행하였다면 그들의 자비를 선포하고 그것을 알려 사람들의 입에 오르내리도록 하기 위해 나팔을 불었습니다.

이러한 구제에 대하여 그리스도는 "너희 앞에 나팔을 불지 말라"고 책망하십니다. 사람의 눈을 끌려고 하지 말라는 것입니다. 그들은 많은 사람들이 자기들이 하는 구제를 보게 하여 자기들이 영광을 받기를 원했고, 그들의 동기와 관심은 남을 도와주는 구제 자체보다는 자신들의 행위가 높임을 받게 되는 데에 있었습니다.

이에 대해 주님은 말씀하십니다. "진실로 너희에게 이르노니 그들은 자기 상을 이미 받았느니라"(마 6:2). 그러나 그 상은 하나님께서 선을 행하는 자들에게 약속하시는 것이 아니라 외식하는 자들 자신이 기대하는 것으로서 아주 볼품없는 상입니다. 즉 그들은 사람들에게 보이기 위해서 선을 베풀었고, 그들의 원대로 그들은 사람들에게 알려진 것입니다. 또한 그 상은 그저 이 세상에서의 상입니다. 그들은 그 상을 받았습니다. 그러므로 이제 장래 하늘나라에 그들을 위해 예비된 것은 아무 것도 없을 것입니다. 그들은 이 세상에서 하나님으로부터 받을 만한 것은 모두 받았습니다. 그것으로 전부 다 받은 것입니다. 결국 그들은 큰 것을 놓친 것입니다.

(2) 주님은 말씀하시기를, 구제할 때에 "오른손이 하는 것을 왼손이 모르게 하라"(마 6:3)고 하셨습니다.

메튜 헨리의 설명에 따르면, 본문의 표현은 예루살렘 성전 출입구 오른편에는 가난한 사람을 위한 구제함이 놓여 있어서 성전에 들어가는 자 중에 구제하기를 원하는 자는 오른손으로 그 통에 돈을 넣었던 관습을 배경으로 한 말씀입니다.

오른손으로 구제한다는 것은 구제하는 일을 준비하고 구제했다는 뜻입니다. 그러나 오른손이 하는 것을 왼손이 모르게 하라는 말씀은 무슨 뜻입니까? 오른손이 하는 것을 어떻게 왼손이 모를 수 있습니까? 이는 불가능한 일입니다.

여기서 주님은 구제의 행동을 넘어서 행동의 근원을 지적하고 계시는 것입니다. 즉 날마다 하나님과 동행하므로 선행이 그 성품에서 자연스럽게 흘러나오게 되어야 한다는 말씀입니다. 예컨대 자기 자동차를 운전하거나 자기 나라 말을 할 때 전혀 의식하지 못하고 하는 것과 같습니다.[4] 즉 사람을 상대로 한 구제가 아니라 하나님을 상대로 한 구제를 하라는 것입니다. 구제하는 사람은 하나님을 향한 사랑에 사로잡혀 있기 때문에 자신이 무슨 큰 선행을 한 것처럼 의식하지 않습니다.

(3) 바른 동기에서 하는 구제에 대해서는 하나님의 보상이 약속되어 있습니다.

---

4) 윌라드, 302-303.

은밀하게 구제하면 은밀한 중에 보시는 우리 아버지가 갚으실 것입니다. 우리가 우리의 선한 행실들에 대해 별로 관심을 두지 않을 때, 하나님은 그 일에 많은 관심을 쏟으십니다.

하나님이 은밀한 중에 보신다는 사실은 진실한 그리스도인들에게 위로가 됩니다. 그가 상 주실 것이며, 그 자신이 상 주시는 이가 되실 것입니다(히 11:6). 아니 그 자신이 상급, 곧 지극히 큰 상급이 되실 것입니다(창 15:1). 그는 당신의 아버지처럼 당신에게 보상해 주실 것입니다. 즉 하나님은 자기를 섬기는 아들에게 아까워하지 않고 더욱 풍성하게 주시는 아버지처럼, 당신에게 보상해 주실 것입니다. 이는 장래의 소망만이 아니며, 이 세상에서도 그 기쁨을 미리 맛볼 것입니다. 이러한 소망과 기쁨 가운데 이웃에게 구제하는 주님의 자녀들이 되시기를 바랍니다.

산상수훈(16)

기도하는 자세에 대하여

마태복음 6장 5-8절

"또 너희는 기도할 때에 외식하는 자와 같이 하지 말라 그들은 사람에게 보이려고 회당과 큰 거리 어귀에 서서 기도하기를 좋아하느니라 내가 진실로 너희에게 이르노니 그들은 자기 상을 이미 받았느니라 너는 기도할 때에 네 골방에 들어가 문을 닫고 은밀한 중에 계신 네 아버지께 기도하라 은밀한 중에 보시는 네 아버지께서 갚으시리라 또 기도할 때에 이방인과 같이 중언부언하지 말라 그들은 말을 많이 하여야 들으실 줄 생각하느니라. 그러므로 그들을 본받지 말라 구하기 전에 너희에게 있어야 할 것을 하나님 너희 아버지께서 아시느니라"(마 6:5-8)

기도는 우리 신앙인들에게 필수적 요소입니다. 기도는 성도가 반드시 해야 할 일입니다. 기도는 곧 성도의 표이기도 합니다. 당시의 유대교 지도자들은 기도를 대단히 중요하게 여겼습니다.

본문에서 주님은 당시의 지도자들이 기도하는 그릇된 태도를 비판하시면서, 바른 자세를 교훈하고 계십니다.

그들의 기도를 요약해서 말하자면, 외식하는 기도였고(마 6:5), 중언부언하는 기도였습니다(마 6:7).

1. 외식자의 기도

(1) 외식자는 남에게 보이려고 기도합니다.

그래서 그들이 기도하기 위해 택한 장소는 회당과 큰 거리 어귀입니다. 이 두 장소의 공통된 점은 사람들이 많이 모인다는 데에 있습니다. 외식하는 자들이 좋아하는 장소는 바로 이처럼 사람들이 많이 모여 있는 곳입니다. 이에 비하여 예수께서 찾아가신 기도처는 한적한 곳이나 산이었습니다. 이곳은 사람들이 볼 수 없는 은밀한 곳입니다.

우리는 상반되는 두 종류의 기도 장소 중, 우리가 취해야 할 장소에 대한 교훈을 얻게 됩니다. 우리의 모범은 외식자들이 아니라 오직 예수 그리스도뿐입니다. 따라서 그분이 취한 기도의 장소 또한 우리에게 본이 됩니다. 그러나 그렇다고 해서 산에서만 기도하라는 뜻은 아닙니다. 단지 사람들이 많이 모인 곳을 피하여 은밀하게 하나님과 교제할 수 있는 장소를 선택하라는 것입니다.

외식자들은 '서서' 기도하기를 좋아합니다. 이는 겸손히 무릎을 꿇고 기도하는 자세보다는 교만해 보이며 자신을 드러내 보이려는 동기가 분명합니다. 반면에 예수께서는 얼굴을 땅에 대고 엎드려 기도하셨습니다(마 26:39 참조). 하나님의 독생자 되신 예수께서도 이와 같이 겸손한 자세를 취했는데 그들의 자세는 얼마나 교만합니까? 물론 기도하는 자세 자체가 중요한 것의 전부는 아닙니다. 우리는 교회 안에서 또는 가정에서 겸손한 자세로 기도할 수도 있지만 길을 걸어가면서 혹은 침상에 누워서도 기도할 수 있습니다.

그러나 여기 외식하는 자의 기도 자세가 문제시되는 것은 그러한 자세를 취하게 된 동기입니다. 그러므로 우리는 어떤 자세를 취하든지 간에 그 자세 자체로 목적을 삼지 말고, 오직 하나님께 복종하는 마음가짐의 자세를 취해야 할 것입니다.

(2) 기도를 통해 자신을 과시합니다.

외식자들의 기도는 그들 자신에 대한 전시 효과를 위한 도구로 이용됩니다. 그들은 기도를 통해 하나님과 교제하는 데에서 기쁨을 느끼는 것이 아니라, 단지 자신을 과시하는 데서 기쁨을 느끼고 만족합니다.

우리는 현대의 서기관과 바리새인이 아닙니까? 우리는 결코 자신을 과시하기 위해, 나를 자랑하기 위해 기도해서는 안 됩니다. 이러한 과시와 자랑은 다 거짓되고 미덥지 않은 것이며 악한 것입니다. 오직 우리의 자랑은 주 안에서의 자랑뿐입니다.

(3) 기도를 통해 사람의 칭찬을 구합니다.

그들은 자기 주변의 사람들에게서 인정을 받고자 합니다. 이러한 사람은 매우 어리석은 사람입니다. 사람이 불완전하듯 사람의 칭찬 또한 완전하지 못합니다. 그런데도 그들은 쉽게 사라지고 말 사람의 칭찬에 연연해합니다. 이는 세속적인 사람들이 구하는 것입니다.

우리는 사람에게서 칭찬을 받을 때에 오히려 우리에게 화가 미칠 것을 알아야 합니다(눅 6:26 참조). 우리는 천국의 시민권을 소유한 천국 시민으로서 시장되신 주님께 칭찬과 인정을 받아야 합니다. 또한 우리의 기도도 사람이 아닌 예수 그리스도의 칭찬이 있어야 합니다. 이처럼 온전히 예수 그리스도께 칭찬 받는 자만이 옳다 인정함을 받을 것입니다.

(4) 외식하는 자의 기도는 응답받지 못합니다.

그 동기가 잘못되었기 때문에 외식하는 자의 기도는 응답을 받지 못합니다. 그들은 분명히 하나님께 간구하기 위해 기도하는 것이 아니라, 사람에게 보이려고 기도하는 것입니다. 그렇기 때문에 그러한 사람의 기도가 응답되지 못하는 것은 너무나 당연한 일입니다. 하나님께서는 기도하는 자를 기뻐하시지만 그 동기가 순수하지 못할 때는 들으시지 않습니다. "구하여도 받지 못함은 정욕으로 쓰려고 잘못 구함이니라"(약 4:3). 그러므로 우리의 기도는 동기부터 순수해야 하며, 우리 각자의 뜻이 아닌 아버지의 뜻대로 구해야 합니다.

예수께서는 외식하는 기도를 금하시면서 그 결과에 대해 이렇게 선포하십니다. "그들은 자기 상을 이미 받았느니라"(5절). 그들은 회당이나 큰 거리 어귀에서 기도했기 때문에 남의 칭찬을 받았을 것입니다. 그러나 참된 복의 근원이신 하나님께는 그 영광을 얻지 못합니다.

여러분, 사람의 칭찬이 큽니까? 아니면 하나님의 영광이 더 큽니까? 그들의 그릇은 보잘것없는 인간의 칭찬으로 채워져 있으므로 하나님의 영광을 담기에는 부족합니다. 우리는 더욱더 풍성하고 기름진 하나님의 영광을 우리 그릇에 담아야 합니다. 그러기 위해서는 외식하는 자와 같이 기도하지 말고 은밀한 중에 보시는 아버지께 은밀한 곳에서 은밀하게 기도해야 합니다.

형식과 관습에 매여 기도하는 것은 유대인들만의 결점이 아닙니다. 오늘날 교회에서 드려지는 공예배시의 기도나 개인의 기도 생활이 얼마나 메마르고 형식화되어 있습니까? 단지 암송에 그치는 주기도문이나 무작정 고개를 수그리는 것으로 그치는 묵도는 기도하는 것이라고 볼 수 없습니다. 하나님께서는 형식적으로 중얼거리는 기도를 들으시는 분이 아닙니다!

(5) 우리는 은밀한 기도를 드려야 합니다.

그렇다면 하나님께 상달되는 기도는 어떠한 기도입니까? 주님은 "네가 기도할 때에 네 골방에 들어가 문을 닫고 은밀한 중에 계신 네 아버지께 기도하라"고 하셨습니다. 이는 공기도에 대한 것이 아니며, '너'라고 단수를 썼듯이 개인기도에 대해 말씀하신 것입니다. 주님께서 본문을 통해 가르쳐 주고 계신 참된 개인 기도의 정신은, 골방에서 문을 닫고 하는 은밀한 기도입니다.

본문에서 말하는 '골방'이라는 의미는 단순히 장소의 의미뿐만 아니라 더 깊은 뜻을 가지고 있습니다. 골방이란, 자신의 영혼이 하나님과 은밀한 교제를 나눌 수 있는 장소나 시간을 뜻합니다. 다시 말해서 자신의 영혼이 가장 고요하고 평안한 상태에서 하나님과 아무런 방해 없이 교제할 수 있는 장소나 시간을 가리킵니다.

바리새인들은 다른 사람들 앞에서 위선적으로 기도하면

서 자신의 내적 생활을 가꾸지 못했습니다. 즉 그들은 하나님과의 은밀한 교제의 시간을 갖지 못했기 때문에 그들에게서는 진실한 경건이 나올 수가 없었습니다. 자신의 골방에 들어가 하나님과 은밀하게 교제하는 시간을 규칙적으로 가져야 하는 이유를 여기서 찾아야 합니다.

그러면 골방 기도의 직접적인 유익은 무엇입니까?

첫째는 우리가 바쁜 생활을 영위하는 중에 지나쳐 버렸던 많은 것들의 진가를 발견할 수 있습니다. 우리의 생활이 바쁘게 돌아가기 때문에 종종 사랑의 가치 등을 잃어버리게 되고 다른 사람에게 무관심하게 됩니다. 그러나 우리가 조용히 시간을 내어 기도한다면 성령께서 이 모든 것들을 가르쳐 주실 것입니다.

골방 기도의 둘째 유익은 자신의 삶에 대해 전체적인 안목을 가질 수 있도록 해 준다는 것입니다. 우리가 생활에 얽매이고 어떤 한 가지 일에 집착하게 될 때 자신을 잃어버리고 정신없이 살아가곤 합니다. 골방에서의 조용한 기도는 우리의 삶을 넓은 안목에서 볼 수 있는 여유를 제공해 줍니다.

골방 기도의 셋째 유익은 우리가 골방에서 기도하는 시간을 가지면 하나님과의 개인적이고도 은밀한 만남을 가질 수 있다는 것입니다. 골방 기도 시간에 그분은 우리에게 다가와 우리를 위로하시고 권면하시는 것입니다. 그분은 조용한 가운데 말씀하실 것입니다. 하나님의 음성은 고요한 중에 들려옵니다.

그러므로 우리가 하나님과 조용하고 개인적인 기도와 교제의 시간을 갖지 않는다면 우리의 생활은 항상 번잡함과 분주함으로 가득할 것이며, 그분과는 상관없는 삶을 살아가게 될 것입니다.

2. 중언부언하는 기계적 기도

(1) 중언부언하며 이방인과 같이 기도하지 말라고 하셨습니다.

이방인들은 대체로 신(神)을 그들 자신과 같은 한 존재로 생각했습니다. 그래서 그들은 그 신에게 자신들이 말한 바를 이해시키고 그들의 요청을 그 신이 수락하도록 하기 위해서는, 그 신에게 많은 말을 해야 할 필요가 있다고 생각했습니다. 그리하여 기계적으로 중언부언했던 것입니다. 즉 믿음 없는 기도를 했던 것입니다.

많은 사람들이 기도를 많이 하고 또한 열심히 해야만 하나님이 들으실 줄 알고 있습니다. 물론 우리가 기도를 많이 하고 열정적으로 하는 것은 대단히 중요합니다. 하지만 그 기도에 믿음이 없다면, 그 기도가 아무리 열정적이고 오랜 시간의 기도라 할지라도 아무 소용이 없습니다. 대개의 경우 사람들이 기도를 되풀이하여 많이 하는 이유는, 자신이 한 기도가 응답받을 것이라는 확신이 부족하기 때문입니다. 빈 말을 되풀이하는 것은 아무 의미가 없으며, 믿음 있는 기도라고 볼 수 없습니다.

우리는 기도한 후 그것이 응답되었다는 사실을 믿음으로 받아들여야만 합니다. "우리가 무엇이든지 구하는 바를 들으시는 줄을 안즉 우리가 그에게 구한 그것을 얻은 줄을 또한 아느니라"(요일 5:15)고 했습니다. 기도는 하나님의 선물이요 무조건적인 은혜입니다. 그러나 우리의 기도에는 반드시 책임이 따르는데, 그것이 바로 믿음입니다.

하나님은 이미 우리가 구하기 전에 우리에게 필요한 것이 무엇인지 다 알고 계십니다. 그러므로 하나님이 우리에게 요구하시는 것은 기도의 회수나 강도가 아닌 믿음입니다. 믿음으로 하지 않은 모든 일이 무익하듯, 믿음으로 하지 않은 기도 역시 무익한 것입니다.

(2) 우리는 흔히 기도의 회수나 감정적인 기도와 기도의 시간 등이 응답받는 기도의 조건인 것처럼 생각하기 쉽습니

다. 그러나 하나님이 받으시는 기도는 진실하고 명료한 기도임을 명심해야 합니다.

우리는 그 예를 열왕기상 18장에서 바알 제사장들의 기도와 그와 대조되는 엘리야의 기도에서 찾아볼 수 있습니다. 바알의 제사장들은 큰 소리로 부르고 그들의 규례를 따라 피가 흐르기까지 칼과 창으로 그들의 몸을 상하게 하며 중언부언 했습니다. 그러나 엘리야는 여호와의 이름을 의지하여 하나님의 명예를 위하여 믿음의 기도를 드렸습니다. 이에 여호와께서 엘리야의 기도에 응답하셨습니다(왕상 18:32-38).

주님은 말씀하십니다. "기도할 때 중언부언하는 이방인들의 기도를 본받지 말라 너희가 구하기 전에 너희에게 있어야 할 것을 하나님 너희 아버지께서 아시느니라"(마 6:8).

(3) 우리는 아무 것도 염려하지 말고 모든 일에 기도와 간구로 구할 것을 하나님께 아뢰어야 합니다(빌 4:6).

하나님께서는 우리의 육신에 필요한 의식주뿐만 아니라 우리의 영적 생활에 필요한 모든 부분들을 알고 계십니다. 그뿐 아니라 우리가 이를 위해 고민하는 것까지도 다 아십니다. 그리하여 성경은 너희가 무엇을 입을까 무엇을 먹고 마실까를 위해 염려하지 말라고 권고하고 있습니다. 또한 영적 갈급함을 채우기 위해 주께로 나와 생수를 마시라고 권면하십니다. 그러므로 우리는 우리의 모든 필요를 아시는 그분께 전적으로 의지하며 신뢰해야 합니다.

하나님은 우리가 처한 환경도 다 아십니다. 한 번은 제자들이 예수와 떨어져 바다 위로 지나가다가 풍랑을 만나 고생한 적이 있습니다(마 14:22-33 참조). 그들은 주님께서 자신들과 함께 계시지 않다는 이유 때문에 더욱 두려워했습니다. 그러나 주님께서는 비록 그들과 떨어져 계셨어도 그들의 처한 환경과 어려움을 다 알고 계셨고, 그들을 돕기 위해 바다 위를 걸어서 그들을 찾아오셨습니다. 이처럼 주님은 우리가 처한 모든 상황과 어려움을 알고 계시며, 도움의 손길을 펴십니다.

그러므로 여러분, 주님께서 여러분 곁에 계시지 않는다고 두려워하거나 풍랑으로 인해 놀라지 마십시오. 우리가 당하는 풍랑이 어떤 것이든 주님은 그 모든 것을 다 알고 계시며, 어느덧 우리 곁에 다가와 그 풍랑을 잔잔하게 해주십니다.

하나님은 우리가 구하기 전에 준비하십니다. 아담이 범죄한 후 그는 공의로우신 주님께 용서를 구해야 했습니다. 그러나 그가 용서를 구하기 전에 이미 하나님은 아담의 부끄러움을 가릴 수 있는 가죽옷을 준비하셨습니다. 뿐만 아니라 모든 죄인을 위한 대속과 십자가의 희생, 부활, 영생 그리고 성령까지 준비하셨습니다. 이렇듯 우리 인생에게 있어 가장 큰 구원의 길을 준비하신 하나님께서 이제 우리 개인의 필요도 구하기 전에 미리 준비하신다는 사실은 당연한 이치입니다. 이와 같이 하나님은 우리의 필요를 아시는 것으로만 끝나지 않고 그를 위해 준비하시고 구원을 베푸시는 분이십니다.

우리는 지금까지 우리의 필요를 알고 계시는 하나님에 대해 살펴보았습니다. 그분은 우리 자신보다 우리의 처지와 필요를 더 잘 알고 계시며, 우리의 생각도 우리보다 더 잘 알고 계십니다. 또한 하나님께서는 우리가 부르기 전에 응답하십니다. "그들이 부르기 전에 내가 응답하겠고 그들이 말을 마치기 전에 내가 들을 것이며"(사 65:24)라고 했습니다. 그리고 그분은 우리가 요구한 것 이상으로 후히 주십니다. 하나님은 "우리 가운데서 역사하시는 능력대로 우리의 온갖 구하는 것이나 생각하는 것에 더 넘치도록 능히 하실"(엡 3:20) 분이십니다.

우리는 이러한 하나님을 바로 알아야 그분을 믿고 의지하여 우리의 필요를 구할 수 있습니다. 그러나 우리는 여기서 하나님은 우리가 구하기 이전에 다 알고 계시는 분이기에 애써 말을 많이 하고 되풀이하며 중언부언하는 기도를 할 필요가 없음을 깨달아야 합니다. 우리는 단지 "주여 나의 모든 소원이 주님 앞에 있나이다."라고 간구해야 합니다. 그러면 우리가 말로 표현하는 것 이상으로 잘 아시는 하나님께서 그 필요를 채워 주실 것입니다.

사도 바울은 말합니다. "아무 것도 염려하지 말고 다만 모든 일에 기도와 간구로 너희 구할 것을 감사함으로 하나님께 아뢰라 그리하면 모든 지각에 뛰어난 하나님의 평강이 그리스도 예수 안에서 너희 마음과 생각을 지키시리라"(빌 4:6).

하늘에 계신 우리 아버지여

마태복음 6:9-13

"그러므로 너희는 이렇게 기도하라 하늘에 계신 우리 아버지여 이름이
거룩히 여김을 받으시오며, 나라가 임하시오며 뜻이 하늘에서 이루어
진 것 같이 땅에서도 이루어지이다. 오늘 우리에게 일용할 양식을 주
시옵고, 우리가 우리에게 죄 지은 자를 사하여 준 것 같이 우리 죄를
사하여 주시옵고, 우리를 시험에 들게 하지 마시옵고 다만 악에서 구
하시옵소서 (나라와 권세와 영광이 아버지께 영원히 있사옵나이다 아
멘)"(마 6:9-13)

앞에서 곧 마태복음 6장 5-8절에서, 기도하는 바른 자세
를 교훈하신 주님은 여기서 "그러므로 너희는 이렇게 기도
하라"고 기도의 모범, 곧 주기도문을 가르쳐 주셨습니다.

주님께서는 이 기도문을 통하여 우리가 무엇을 구하여야
하며, 어떻게 구체적으로 기도해야 하는지에 대해 기도의
모범(sample, pattern)을 보여주셨습니다. 주기도문이야

말로 이 세상에서 가장 아름다운 기도문입니다.

1. 주기도문은 인생에 필요한 모든 것을 다루고 있습니다.

주기도문은 인생이 당면하는 모든 필요를 위해 간구하라고 가르치고 있습니다.

심리학자들은 말하기를 사람을 괴롭히는 것들 곧 인격을 파괴시키는 요소를 다섯 가지로 지적하고 있습니다.

1. 열등감(Inferiority complex): 소외감이나 열등의식을 갖는 것입니다.

2. 실망(Discouragement): 자기가 하는 일에 보람을 못 느끼는 데서 오는 낙담입니다.

3. 불안감(Anxiety): 생활에서 의식주 때문에 오는 염려와 불안입니다.

4. 분노(Resentment): 대인 관계에 있어 원망과 분노가 생겨 고통하는 것입니다.

5. 두려움(Fear): 닥쳐오는 시험과 마귀의 유혹의 위험 때문에 오는 공포입니다.

주님께서는 이런 문제를 다 알고 계셨습니다. 그러므로

하나님께 기도하여 이런 문제에서 해결 얻기를 권면하고 계시는 것입니다. 그리고 주님은 기도하면 그런 문제에서 우리를 도와주신다고 약속하셨습니다. "너희가 내 이름으로 무엇을 구하든지 내가 행하리니 이는 아버지로 하여금 아들로 말미암아 영광을 받으시게 하려 함이라 내 이름으로 무엇이든지 내게 구하면 내가 행하리라"(요 14:13-14).

기도하는 신자에게 주어진 특권이 얼마나 놀랍습니까!

주기도문의 내용을 개관하여 보십시다.[1]

여러분은 열등감에 사로잡혀 있습니까? 예를 들어서 나의 아버지는 비천한 분이니 나를 누가 알아주는가 하며 열등감에 잠겨 있습니까? 그러나 신자가 기도에서 하늘에 계신 하나님을 '아버지'라고 부르는 순간, 그는 열등감에서 벗어납니다. 자신이 하나님의 아들과 딸이라고 믿는 순간 어찌 소외감이나 열등감을 느끼겠습니까? 신자이기에 하늘에 계신 하나님을 아버지라고 부르는 순간, 그는 자신이 하나님의 아들과 딸이요, 하나님의 상속자 곧 그리스도와 함께 한 상속자인 것을 상기함으로 자존심을 갖게 됩니다(롬 8:16-18 참조)

---

[1] 이하 주기도문에 대한 설명은 저자가 쓴 《쉽게 풀어 쓴 주기도문》(선교햇불, 2006)의 내용을 전재한 것입니다.

여러분, 자기가 하는 일에 보람을 못 느끼고 있습니까? 주기도문을 드리는 사람은 적어도 하나님의 나라를 생각하며 하루를 시작하게 되는 것입니다. 하나님의 나라가 임하기를 기원합니다. 이 얼마나 보람 있는 삶입니까?

사람에게는 먹고 마시는 의식주의 염려가 있습니다. 여기에 "우리에게 일용한 양식을 주옵소서." 기도하라고 주님이 말씀하시는 것입니다. 이는 마치 어떤 소년이 있는데, 부자 아저씨가 먼 길로 떠나면서 말씀하시기를 "너 살다가 돈이 떨어져 먹을 것이 없게 되면 나에게 연락해 내가 도와줄게." 하는 것과도 같습니다. 그러면 그 소년이 얼마나 마음에 안심이 되겠습니까? 그러므로 하나님께 이와 같이 기도할 수 있는 특권이 얼마나 감사한 일인지 모릅니다.

인간이 갖는 또 하나의 고통은 죄책감입니다. 죄를 범한 자는 괴로운 것입니다. 죄에서 용서를 받아야만 마음이 편안합니다. 주님께서는 죄를 사하여 달라고 기도하라고 말씀하십니다. 하나님은 우리의 죄 용서하시기를 원하십니다. 이렇게 기도함으로 우리는 죄책으로 말미암아 오는 무거운 짐에서 벗어날 수 있게 되는 것입니다. 이 얼마나 감사한 일입니까?

가끔 사람은 남을 용서하지 못하고, 복수심을 갖기에 분노로 인해 자신과 남을 파괴합니다. 그러나 주기도문을 드리는 사람은 자기의 죄를 용서해 달라고 기도할 때, 남의 죄를 용서한다고 고백하는 것입니다. 이러므로 그 사람은 분노에서 해방을 받게 됩니다.

이 세상에서 사는 동안 우리는 가끔 유혹과 시험 그리고 때로는 마귀의 위협을 받습니다. 주님은 이런 것들로부터 우리를 지켜 주시기를 원하십니다. 그리하여 신자는, 하나님께 "시험에 들게 하지 마시옵고 다만 악에서 구하시옵소서" 하고 기도함으로 이 두려움과 어려움에서 보호를 받을 수 있는 것입니다. 그러고 보니 이렇게 기도할 수 있는 사람이 얼마나 놀라운 특권을 가진 것입니까?

2. 이 기도는 하나님과의 대화입니다.

우선 이 기도는 "하늘에 계신 우리 아버지여"라고 부르며 시작하는 데서 기도의 성격을 볼 수 있습니다.

이 기도는 하나님이 계시다는 것을 전제로 하고 있습니다. 더 나아가 이 기도는 하나님이 우리 아버지이신 것을 믿는 데서 시작되는 기도입니다. 따라서 이 기도는 누구나 드릴 기도가 아닙니다. 예수 그리스도와 함께 하나님을 "우리 아버지"라고 부를 수 있는 성도들만의 기도입니다.

(1) 이 기도는 독백이 아닙니다.

하나님을 아버지라고 부르며 시작하는 이 기도는 기도하는 자의 관심이 우선 하나님에게 있습니다. 또한 이 기도는 독백이 아닙니다. 이 기도는 사람들이 들으라고 하는 기도가 아닙니다. 하나님께 간구하는 기도이며, 동시에 하나님과의 대화입니다.

(2) 이 기도는 하나님의 일로 시작합니다.

주기도문의 순서에서 보듯이, 모범적인 기도는 간구의 순서가 하나님에 관한 일로 시작합니다. 우리는 먼저 하나님의 이름이 거룩히 여김을 받으시고, 하나님의 나라와 그의 뜻이 땅에서 이루어지기를 위해 기도합니다. 그 다음에 일용할 양식, 죄 문제 등등, 자기의 문제를 언급합니다. 그리고 이 기도는 하나님의 권세와 영광에 대한 확신으로 끝마칩니다.

우리의 기도는 자기중심이거나 자기를 자랑의 기도가 되어서는 안 됩니다.

누가복음 18장에 두 사람의 기도가 소개되고 있습니다.

하나는 바리새인의 기도입니다. 바리새인은 기도하면서 소리 내서 말하기를, "하나님이여 나는 다른 사람들 곧 토색, 불의, 간음을 하는 자들과 같지 아니하고 이 세리와도 같지 아니함을 감사하나이다 나는 이레에 두 번씩 금식하고 또 소득의 십일조를 드리나이다"(눅 18:11-12).

그런가 하면 세리는 "멀리 서서 감히 눈을 들어 하늘을 쳐다보지도 못하고 다만 가슴을 치며 이르되 하나님이여 불쌍히 여기소서 나는 죄인이로소이다" 하고 기도했습니다(눅 18:13-14).

우리의 기도는 세리의 기도와 같은 것이어야 함을 명심해야 합니다. 세리는 하나님 앞에서 자기를 고백했기 때문입니다. 하나님 앞에서 자기를 자랑할 것이 무엇이 있겠습니까? 성경은 말씀합니다. "너희는 가만히 있어 내가 하나님 됨을 알지어다"(시 46:10). 루터가 말했듯이 이 기도를 통해 우리는 하나님의 행위에 참여하는 것입니다.

(3) 확신을 갖고 드리는 기도입니다.

우리는 하늘에 계신 우리 아버지께 기도를 드립니다. "하늘에 계신 하나님" 이는 창조주이시며 초월적인 하나님을 칭하는 말입니다.

그러나 우리는 기도할 때, 가끔 이런 기도를 하나님이 들어 주실까 하는 의구심을 가질 때가 있습니다.

한번은 내가 어떤 성도와 함께 금식기도를 했습니다. 그때 성도가 나에게 충고하기를, "가만히 보니까, 목사님은 신학자시라 기도하면서 이런 것은 하나님이 들어 주시고 저런 것은 안 들어 주시겠지 하면서 기도에 제한을 두는 것 같습니다."라고 하면서 "믿음으로 기도하세요."라고 했습니다. 그렇습니다.

우리의 기도를 들으시는 하나님은 천지와 바다와 그 가운데 만유를 지으신 대주재십니다(행 4:24). 그러기에 하나님께는 불가능이 없음을 믿고 기도해야 합니다. "예수께서 이르시되 할 수 있거든이 무슨 말이냐 믿는 자에게는 능히 하지 못할 일이 없느니라"(막 9:23). 그러므로 우리는 하나님께서 우리의 간구를 들어 주실 줄 신뢰하면서 기도해야 합니다.

사도 요한은 말합니다. "그를 향하여 우리의 가진 바 담대한 것이 이것이니 그의 뜻대로 무엇을 구하면 들으심이라 우리가 무엇이든지 구하는 바를 들으시는 줄을 안즉 우리가 그에게 구한 그것을 얻은 줄을 또한 아느니라"(요일 5:14-15).

특히 기억할 것은 이 기도는 하나님 아버지께 드리는 기도라는 것입니다. 하나님은 동시에 아버지와 같으신 분이십니다. 아버지와 같이 사랑과 자비의 하나님이십니다. 그러므로 기도를 들어주십니다. 주님께서 말씀하십니다. "내가 또 너희에게 이르노니 구하라 그러면 너희에게 주실 것이요 찾으라 그러면 찾아낼 것이요 문을 두드리라 그러면 너희에게 열릴 것이니 구하는 이마다 받을 것이요 찾는 이는 찾아낼 것이요 두드리는 이에게 열릴 것이니라"(눅 11:9-10).

신뢰감을 가지고 기도하시기를 바랍니다. 아버지는 자녀가 요구하기 전에 필요한 것을 아시고 주시기를 원하십니다. 그러기에 우리는 하나님의 영광, 이름, 나라를 위하여 기도하지만, 동시에 우리에게 필요한 것들 곧 일용할 양식, 죄책감, 유혹, 시험의 위험에 대해서도 하나님께 아뢸 수가 있는 것입니다. 이 얼마나 감사합니까?

(4) 예수의 이름으로 드리는 기도입니다.

이 기도는 하나님을 부르되 "우리 아버지"라고 부릅니다. 이는 우리가 그리스도와 함께한 하나님의 아들이라는 뜻입니다. 따라서 우리는 주님의 이름으로 기도합니다. 예수님께서 요한복음 14장 13-14절에서 말씀하시기를 "너희가 내 이름으로 무엇을 구하든지 내가 행하리니 이는 아버지로 하여금 아들로 말미암아 영광을 받으시게 하려 함이라 내 이름으로 무엇이든지 내게 구하면 내가 행하리라"고 하셨습니다.

예수님에게서 그랬듯이 우리도 왕과 같은 제사장이요 거룩한 백성이기에 예수의 이름으로 하나님 앞에 나아갈 수가 있는 것입니다. 이 얼마나 놀라운 특권입니까?

그러나 기억할 것은, 이런 하나님을 우리 아버지라고 부를 수 있는 특권은 예수 그리스도와 연합된 자들 곧 중생한 사람들이라는 점입니다. 예수님은 예수를 믿는 자와 믿지 않는 자를 구별하여 말씀하십니다. 영적인 견지에서 이 세상에는 하나님의 아들과 마귀의 아들이 있습니다.

"예수께서 이르시되 하나님이 너희 아버지였으면 너희가 나를 사랑하였으리니 이는 내가 하나님께로부터 나와서 왔음이라 … 너희는 너희 아비 마귀에게서 났으니 너희 아비의 욕심대로 너희도 행하고자 하느니라 그는 처음부터 살인한 자요 진리가 그 속에 없으므로 진리에 서지 못하고 거짓을 말할 때마다 제 것으로 말하나니 이는 그가 거짓말쟁이요 거짓의 아비가 되었음이라"(요 8:42, 44).

맺는 말

그러므로 우리는 이 훌륭한 기도를 드릴 수 있기 위하여 하나님의 자녀임을 확인하기를 바랍니다. 어떻게 하나님의 자녀가 됩니까? 주님은 말씀하십니다.

"영접하는 자 곧 그 이름을 믿는 자들에게는 하나님의 자녀가 되는 권세를 주셨으니 이는 혈통으로나 육정으로나 사람의 뜻으로 나지 아니하고 오직 하나님께로부터 난 자들이니라"(요 1:12-13).

여러분은 이 시간에 내가 참 하나님의 자녀인가를 확인하기를 바랍니다. 아직도 고아로 있지나 않습니까? 믿는 것 같지만 이에 대하여 아직도 확신이 없습니까? 성령께서 이 시간에 확신을 주시기를 바랍니다. 성경을 보면 "예수를 하나님의 아들이라 시인하면 하나님이 그의 안에 거하시고 그도 하나님 안에 거하느니라"(요일 4:15)고 했습니다.

또 하나님의 자녀가 되었어도 하나님을 멀리 떠나 있는 영혼이 있습니까? 지금 돌아오셔서, 아버지 품 안에 안기시기를 바랍니다. 이때에 우리는, 하늘에 계신 우리 아버지하고 기도를 드리게 되는 것입니다.

이름이 거룩히 여김을 받으시오며

마태복음 6장 9절

"이름이 거룩히 여김을 받으시오며"(마 6:9)

주기도문을 살펴보면, 그 간구가 어떤 의미에서 십계명의 순서와 유사함을 볼 수 있습니다. 첫 번째 세 가지 간구는 십계명의 처음 네 계명들과 일치하고, 나머지 세 가지 간구는 십계명의 나머지 여섯 계명들과 일치합니다. 곧 주님이 가르쳐 주신 기도는 먼저 하나님의 영광, 또는 하나님의 주장에 관심을 갖고 시작합니다. 따라서 주기도문에 따라 우리는 먼저 "하나님의 이름이 거룩히 여김을 받으시며 하나님의 나라와 그의 뜻이 성취되도록" 기도하게 되는 것입니다. 이것이 하나님이 원하시는 것이기에 이를 위하여 먼저 기도하여야 합니다. 따라서 우리가 드리는 첫째 간구는 바로 '하나님의 이름이 거룩히 여김을 받게 하여 달라'고 하는 기원입니다.

"하나님의 이름을 거룩하게 하시옵소서."

1. 여기서 '이름'은 무엇을 의미합니까?

이름에 대한 옛날 이스라엘 사람들의 개념은 우리 옛날 어른들의 생각과 비슷했던 것 같습니다. 요즈음 사람들은 꼭 그렇지마는 않은 듯한데, 우리나라 옛 어른들은 사람의 이름을 지을 때에 그 이름의 의미를 생각하여 작명(作名)하곤 했습니다. 유대인들은 더욱 그랬습니다. 유대사람들은 본래 성이 없습니다. 항렬도 없습니다. 성경에 나오는 이름들을 보십시오. 야곱이면 야곱이라 했지, 그의 성이 따로 없습니다. 그리하여 야곱을 부를 때는 이삭의 아들 야곱이라고 했습니다. 그러나 그들은 각 개인에게 주어지는 이름을 통하여 그 사람의 정체를 나타내곤 했습니다.

예를 들어, '아브람'은 '아버지'라는 뜻인데, 나중에는 그를 '아브라함', 즉 '열국의 아버지'라는 의미를 가진 이름으로 불렀습니다. 그의 정체가 달라졌기 때문이었습니다. 그가 후손을 많이 두는 큰 아버지가 되기 때문에 이름을 바꾼 것입니다.

'야곱'을 나중에 '이스라엘'이라고 부르게 된 것도 그렇습니다. 야곱의 출생이 그러했듯이, 야곱이라는 그 이름도 '발꿈치를 잡은 자', '빼앗은 자'란 뜻입니다. 그러나 그가 천사와 씨름을 하여 이긴 다음에는 그가 하나님과 겨루어 이겼기에 그의 이름을 '이스라엘'이라고 불렀습니다(창 32:28).

그리고 우리 주님의 이름 '예수'는, '그가 자기 백성을 그들의 죄에서 구원할 자'이기에 그 의미를 담은 이름으로 그렇게 부른 것입니다.

이와 같이 옛날 유대 사회에서는 이름이 그 사람의 성품과 인격과 사역, 그 모두를 대표하는 것, 곧 그 사람 전체를 의미하는 것이었습니다. 이런 개념에서 생각할 때에 주기도문에서 '아버지의 이름'은 하나님 전체를 의미하는 것입니다. 예수님께서 "세상 중에서 내게 주신 사람들에게 내가 아버지의 이름을 나타내었나이다"(요 17:6)라고 하신 것은 그저 그 이름을 가르쳐 주었다는 뜻이 아닙니다. 이것은 아버지가 어떤 하나님인지를 분명하게 나타내어 주었다는 뜻인 것입니다.

이와 같이 하나님은 자신의 계시에 의하여 자신이 세상에 보여지도록 하고 우리가 하나님을 인식하면서 살도록 하셨습니다. 그래서 시편 기자가 시편 9편 10절에서 "여호와여 주의 이름을 아는 자는 주를 의지하오리니 이는 주를 찾는 자들을 버리지 아니하심이니이다"라고 했을 때, 그것은 주의 이름을 단순히 안다고 하는 의미가 아니라, 주가 어떤 분이신지 알아 그를 의지한다는 의미인 것입니다.

그래서 유대인들은 하나님의 이름을 소중히 여겼습니다. 십계명에도 "여호와 네 하나님의 이름을 망령되게 부르지 말라"고 하지 않았습니까? 레위기 24장 16절에는 "여호와의 이름을 모독하면 그를 반드시 죽일지니"라는 모세의 율법이 있습니다.

그러므로 여기서 아버지의 이름을 거룩하게 한다는 말은 하나님 아버지를 거룩하게 한다는 뜻입니다.

2. 아버지의 이름은 우리들이 거룩하기를 요청합니다.

하나님의 계시 행위는 기도에서 현실이 됩니다. 곧 우리가 기도하는 순간, 하나님의 거룩하심을 인식하고 그렇게 고백하게 되는 것입니다.

하나님은 거룩한 하나님이십니다. 그 분은 우리가 거룩하게 함으로 거룩해지는 분이 아니십니다. 본래 거룩하신 분이십니다. 하나님은 우리가 아버지라고 부르지만 우리 인간을 초월하는 높으신 분이며, 악과 흠이 없으시고, 의와 사랑으로 완전하신 분입니다. 그 분은 그가 거룩한 것과 같이 우리가 거룩하기를 요구하시는 하나님이십니다. 하나님은 "내가 거룩하니 너희도 거룩하라"(레 11:45)고 명령하십니다. 우리의 기도는 바로 이 명령에 순종하는 것입니다.

따라서 이 기원은 하나님의 이름을 부르는 성도들이 거룩하게 생활함으로 하나님이 거룩히 여김을 받게 해야 한다는 뜻입니다. 소극적으로 표현하면, 이 기도는 이 세상에서 거룩하지 못한 우리들의 생각과 행동 때문에 하나님의 거룩한 이름이 욕되지 않도록 노력해야 한다는 뜻입니다. 세상에서도 아들이 잘못하면 그 아버지의 얼굴에 먹칠을 하는 것이 되고, 반대로 아들이 정직하게 일을 잘하면 그로 인하여 그의 아버지가 높임을 받게 되지 않습니까? 그와 같이 이 간구는 아버지께서 우리를 통하여 하나님 자신의 이름을 거룩하게 하시기를 바란다는 뜻입니다.

그러므로 아버지의 이름이 거룩히 여김을 받으시기를 기원하는 우리는 하나님 아버지의 자녀답게 거룩한 생활을 하겠다는 다짐을 해야 합니다. 기도의 이면은 헌신입니다. 칼빈은 "기도는 하나님의 명령에 대한 순종"이라고 주장했습니다.

3. 어떻게 해야 하나님의 이름이 거룩히 여김을 받을 수 있습니까?

(1) 하나님의 존재를 인정해야 합니다.

존재를 인정하지 아니하는 것은 바로 그 사람을 무시하는 것입니다. 그러므로 하나님의 이름이 거룩히 여김을 받게 하기 위해서는 먼저 하나님의 존재를 인정해야 합니다. 내가 하나님을 인정하고 믿을 뿐 아니라, 모든 사람이 하나님을 인정하고 믿게 되기 위하여 기도하며 힘써야 합니다.

하나님의 존재를 믿되 물활론자나 범신론자들처럼 믿어서는 안 됩니다. 또는 자연신론자들처럼 믿어서도 안 됩니다. 교회가 사도신경을 통하여 고백하는 대로 믿어야 합니다. 즉, 우리는 하나님을 믿되, 천지를 창조하시고 세계를 섭리하시는 하나님, 예수 그리스도를 통하여 구원을 나타내신 하나님, 성령을 통하여 지금도 우리 안에서 사역하시는 거룩한 하나님으로 믿어야 합니다.

성경이 가르치는 하나님은 거룩하시고, 사랑이시며, 의로우신 우리 아버지이십니다. 성경은 "믿음이 없이는 하나님을 기쁘시게 하지 못하나니 하나님께 나아가는 자는 반드시 그가 계신 것과 또한 그가 자기를 찾는 자들에게 상 주시는 이심을 믿어야 할지니라"라고 히브리서 11장 6절에서 말씀하십니다.

(2) 하나님의 자녀들이 바르게 살아가야 합니다.

하나님이 거룩하시기에 하나님의 자녀도 거룩한 생활을 해야 합니다. 성경은 레위기 11장 45절에서 "내가 거룩하니 너희도 거룩할지어다"라고 명하셨습니다.

또 데살로니가전서 4장 3-8절에서 다음과 같이 말씀합니다.

"하나님의 뜻은 이것이니 너희의 거룩함이라 곧 음란을 버리고 각각 거룩함과 존귀함으로 자기의 아내 대할 줄을 알고 하나님을 모르는 이방인과 같이 색욕을 따르지 말고 이 일에 분수를 넘어서 형제를 해하지 말라 이는 우리가 너희에게 미리 말하고 증언한 것과 같이 이 모든 일에 주께서 신원하여 주심이라 하나님이 우리를 부르심은 부정하게 하심이 아니요 거룩하게 하심이니 그러므로 저버리는 자는 사람을 저버림이 아니요 너희에게 그의 성령을 주신 하나님을 저버림이니라"

또한 성경은 아모스 2장 6-7절에서 다음과 같이 말씀합니다.

"여호와께서 이와 같이 말씀하시되 이스라엘의 서너 가지

죄로 말미암아 내가 그 벌을 돌이키지 아니하리니 이는 그들이 은을 받고 의인을 팔며 신 한 켤레를 받고 가난한 자를 팔며 힘 없는 자의 머리를 티끌 먼지 속에 발로 밟고 연약한 자의 길을 굽게 하며 아버지와 아들이 한 젊은 여인에게 다녀서 내 거룩한 이름을 더럽히며"

로마서 2장 24절에 "하나님의 이름이 너희 때문에 이방인 중에서 모독을 받는도다"라는 말씀이 있습니다. 이는 그 당시 선민, 즉 거룩한 백성이라고 자처하던 이스라엘 사람들의 불의와 음란으로 인해 하나님의 거룩한 이름이 더럽힘을 입었다는 말씀입니다.

마찬가지로 오늘날 예수를 믿어 거룩한 하나님의 자녀라고 하는 신자들도 실수하여 죄를 범합니다. 그러므로 신자들은 자신이 하나님의 이름을 모독하는 일은 없는가 살피면서 경건한 생활을 해야 합니다. 불신자가 죄를 범하면 그 책임이 개인에게 돌아가지만, 신자가 범죄하면 하나님의 거룩한 이름이 모독을 당하는 것입니다.

그리하여 신학자인 칼 바르트는 이 기도가 의미하는 것을 다음과 같이 말했습니다.

"하나님의 교회가 세상 가운데서 할 일을 하게 하소서. 하나님께서 당신의 아들을 통하여 우리에게 하셨던 말씀이 헛되지 않게 하소서. 성서가 끊임없이 우리의 주의를 끌도록 기도하게 하소서. 설교에서 하나님의 말씀이 날마다 새롭게 우리에게 하나님의 말씀이 되게 하소서."

그렇습니다. 우리 그리스도인들은 하나님의 말씀대로 살도록 힘써야 합니다. 기도하는 신자가 되어야 하겠습니다.

(3) 세상 사람이 하나님을 믿게 해야 합니다.

우리는 구별되게 살므로 이 세상 사람들이 하나님을 인정하고 믿게 해야 합니다. 이 세상 사람들 가운데는 하나님을 인정하지 않는 사람이 많습니다. 예를 들면, 무신론자와 회의주의자들이 있습니다. 그런 사람들로 인해 하나님의 거룩한 이름이 온 우주에서 비방을 받고 있습니다. 따라서 우리는 전도하여 온 우주에서 하나님의 이름이 거룩히 여김을 받도록 해야 하겠습니다.

우리의 기도는 종교개혁자인 칼빈이 말한 대로 하나님의 명령에 대한 순종입니다. 우리의 아름다운 순종이 우리의 기도를 아름답게 합니다. 우리의 전도가 우리들의 거룩한 행동으로 뒷받침될 때 하나님은 우리를 통하여 세상에서 거룩하게 되는 것입니다. 사도 바울이 고린도후서 3장 2절에서 말한 대로, 믿는 우리들이 그리스도의 편지가 되어야 합니다.

우리가 마지막으로 기억해야 할 것은, 하나님의 이름을 거룩하게 함에 있어서 존재가 행위에 우선한다는 것입니다. 그러므로 기도할 때 우리 자신이 하나님의 은혜로 변화되어 거룩해져야 합니다. 우리가 생각에서 거룩해져야 합니다. 우리가 말에서 거룩해져야 합니다. 우리가 행위에서 거룩해져야 합니다. 우리의 가정에서 하나님의 이름이 거룩히 여김을 받아야 합니다. 우리의 교회 안에서 하나님의 이름이 거룩히 여김을 받아야 합니다. 하나님은 자신의 거룩함이 성도들의 거룩함으로 인하여 거룩하여지기를 원하시기 때문입니다.

산상수훈(19) / 주기도문 (3)

나라가 임하시오며,
뜻이 땅에서도 이루어지이다

마태복음 6장 10절

"나라가 임하시오며 뜻이 하늘에서 이루어진 것 같이 땅에서도 이루어
지이다"(마 6:10)

주기도문은 "아버지의 이름이 거룩히 여김을 받으시오며"
에서 "아버지의 나라가 임하시오며 뜻이 하늘에서 이루어
진 것 같이 땅에서도 이루어지이다"로 연결됩니다.

1. 하나님의 나라는 어떤 것입니까?

주님의 나라, 곧 하나님의 나라, 이는 복음의 중심입니다.
예수님이 이 땅에 오셔서 말씀하신 공생애의 첫 음성도 "하
나님의 나라가 가까이 왔으니 회개하고 복음을 믿으라"(막
1:15)는 것이었습니다.

그러면 하나님의 나라는 어떤 것입니까?

신약성서에서 하나님의 나라는 하나님의 다스림, 곧 하나님의 의지에 일치하는 세상의 삶과 목적을 의미합니다. 따라서 하나님의 나라는 지경을 가리키는 나라가 아닙니다. 사도 바울이 로마서 14장 17절에서 "하나님의 나라는 먹는 것과 마시는 것이 아니요 오직 성령 안에 있는 의와 평강과 희락이라"고 말했듯이, 하나님의 나라는 신령한 나라입니다.

신학자 칼 바르트가 '주기도문 강해'에서 말한 대로, 하나님의 나라는 죄에 대한 최후 승리입니다. 그것은 하나님과 세상의 화해입니다(고후 5:19). 그 화해의 결과로 새로운 세상이 이루어지며 의로운 하나님의 정의가 실현됩니다. 이 하나님의 나라는 예수 그리스도에게서, 그리고 그 분을 통하여 임합니다. 예수님이 하나님의 뜻에 순종하며 그 안에 살고 있었기 때문입니다. 그러므로 예수님이 임하시는 곳에 하나님의 나라가 임재합니다. 우리가 예수님을 구주로 영접하여 예수의 이름으로 기도드리는 순간, 우리는 이미 사탄의 왕국에서 벗어나 하나님의 나라 백성이 되는 것입니다. 이에 우리는 하늘에 계신 하나님을 '우리 아버지'라고 부르게 됩니다.

그러기에 우리는 "주님의 나라가 임하시오며"라고 기도드리는 곳에는 하나님의 나라가 이미 임하였다는 것을 압니다. 하나님은 이미 예수님을 구주로 믿는 우리 가운데 그의 나라를 확립하셨습니다. 주님께서 누가복음 17장 21절에서 "하나님의 나라는 너희 안에 있느니라"고 하셨듯이, 하나님의 나라는 예수님과 함께 이미 우리 성도 안에 시작된 것입니다.

하나님의 나라의 영역은 예수님을 통하여 개인에서 가정, 사회, 마침내 온 우주로 확장되어나가, 결국 천국으로 연장되어 그 완성에 이르게 됩니다. 이렇듯 하나님의 나라의 완성은 예수님의 재림으로 성취될 것입니다. 그런 의미에서 우리는 중간시대에 살고 있습니다. 하나님의 나라가 이미 임했으나 완성되지는 않은 것입니다. 지금은 아직 마귀의 나라와 싸움을 하고 있는 중이며, 하나님의 나라의 완성을 소망 중에 대망하는 시점에 있습니다. 이러한 시점에서 우리 그리스도인은 하나님의 나라가 임하기를 기도해야 합니다.

2. 어떻게 하는 것이 그 나라가 임하도록 하는 것입니까?

하나님의 나라의 도래는 하나님의 사역에 의하여 일어날

수 있습니다. 그러나 하나님은 그것이 우리의 기도, 곧 헌신을 통하여 일어나기를 원하고 계십니다. 그것은 주님이 마태복음 6장 33절에서 하나님을 믿는 자들이 "먼저 하나님의 나라와 그의 의를 구하라"고 명령하신 데서 발견됩니다.

그러면 우리가 어떻게 하는 것이 주님의 나라가 임하도록 하는 것입니까?

(1) 기도에는 순종과 헌신이 따라야 합니다.

앞에서 말한 바와 같이 기도의 이면은 하나님의 명령에 대한 순종이요 우리의 헌신입니다. 그러므로 우리는 오늘도 성령의 역사를 힘입어 죄악을 이기며 나가야 합니다.

우리는 먼저 죄악에서 씻음을 받아야 합니다. 죄를 범하면 마귀에게 속하기 때문입니다(요일 3:8). 그러기 위하여 우리는 성령을 힘입어야 합니다. 성령의 능력이 없이는 사탄의 공격을 이길 수 없습니다. 그래서 어떤 성경 사본에는 누가복음 11장의 주기도문에 "나라가 임하시오며"라는 기원 다음에 "성령이여 우리에게 오셔서 우리를 정결케 하소서"라는 말이 있습니다.

(2) 각 사람에게 하나님의 나라가 임하도록 기도해야 합니다.

우리는 "사람이 어떻게 하나님 나라에 들어갈 수 있습니까?"라는 질문을 가질 수 있습니다. 과연 개인에게 어떻게 하나님의 나라가 임하게 됩니까?

앞에서 말한 대로, 사람이 죄를 회개하고 복음을 믿어 예수를 구주로 영접해야 합니다. 존 웨슬리가 그의 설교에서 말했듯이, 예수를 믿되 우리 죄를 위하여 십자가에서 대속의 죽임을 당하신 구주로 그 분을 믿어야 합니다.

로마서 10장 9-10절에서 말씀합니다.

"네가 만일 네 입으로 예수를 주로 시인하며 또 하나님께서 그를 죽은 자 가운데서 살리신 것을 네 마음에 믿으면 구원을 받으리라 사람이 마음으로 믿어 의에 이르고 입으로 시인하여 구원에 이르느니라"

우리가 예수님을 구주로 믿을 때에 하나님의 나라가 신자의 마음에 싹트는 것입니다. 그 때에 전능하신 하나님께서 우리를 통치하시는 것입니다.

그러므로 우리는 이웃 사람들, 우리가 사랑하는 사람들이 예수를 구주, 만왕의 왕으로 받아들이도록 열심히 기도해야 합니다. 동시에 전도하는 일에 헌신을 다짐하고 실천해야 합니다.

(3) 사회에 자유, 정의, 평화가 깃들도록 기도해야 합니다.

우리가 추구하는 하나님의 나라는 자유와 정의와 평화, 이 모든 것이 깃들어 있습니다. 부자유함이나 불의나 불안은 하나님의 나라가 아닙니다. 그러므로 우리 신자들은 이 땅 위에 하나님의 정의가 세워지도록 기도해야 합니다. 이 땅 위에 얼마나 억울함을 당하는 사람들이 많습니까? 성도들은 이에 대한 하나님의 개입을 간구해야 합니다. 하나님의 공의가 세워지도록 기도하며 힘써야 합니다. 전쟁에 휩싸인 이 세상에 하나님의 평화가 깃들기를 위하여 기도해야 합니다.

거듭 말하거니와 기도의 이면은 헌신입니다. 따라서 우리는 하나님의 나라의 정의를 증언하는 헌신의 삶을 살아야 합니다. 하나님만이 가져다주는 자유, 평화를 증언해야 합니다.

우리는 온전한 복음을 전해야 하기에, 그리스도의 복음을 증언할 때 죄에서의 용서받는 복음뿐 아니라, 악의 세력을 이기시는 하나님의 나라, 공의의 하나님의 나라도 전해야 합니다.

(4) 하나님의 나라의 완성을 위하여 기도해야 합니다.

앞에서도 강조했듯이, 예수님의 사역으로 시작된 하나님

의 나라는 아직 완성되지 않았습니다. 예수님의 재림으로 하나님의 나라가 완성 될 날을 기다리고 있습니다. 그러므로 우리는 '마라나타! 주여 어서 오시옵소서!' 하고 그날의 도래를 위해 기도하며 힘써야 합니다.

그 날은 꼭 옵니다. 그 날의 도래를 향한 소망에 불붙도록 기도해야 합니다. 이 소망은 우리를 정결케 합니다(요일 3:3). 또한 이 소망은 우리를 죽음의 공포에서 벗어나게 할 것입니다. 이 소망에서 우리는 사탄의 나라와 싸워 이기며 나갈 것입니다. 이를 위하여 우리는 복음 전도를 열심히 해야 합니다.

주님은 마태복음 24장 14절에서 말씀하십니다.

"이 천국 복음이 모든 민족에게 증언되기 위하여 온 세상에 전파되리니 그제야 끝이 오리라"

혹 그 날이 더디 올지도 모른다는 불신이 생깁니까? 만약 그 날이 더디 온다면 그것은 오로지 한 사람이라도 더 구원받게 하기 위한 하나님의 사랑 때문입니다.

사도 베드로는 베드로후서 3장 9절 이하에서 말씀합니다.

"주의 약속은 어떤 이들이 더디다고 생각하는 것 같이 더딘 것이 아니라 오직 주께서는 너희를 대하여 오래 참으사 아무도 멸망하지 아니하고 다 회개하기에 이르기를 원하시느니라 그러나 주의 날이 도둑 같이 오리니 그 날에는 하늘이 큰 소리로 떠나가고 물질이 뜨거운 불에 풀어지고 땅과 그 중에 있는 모든 일이 드러나리로다 이 모든 것이 이렇게 풀어지리니 너희가 어떠한 사람이 되어야 마땅하냐 거룩한 행실과 경건함으로 하나님의 날이 임하기를 바라보고 간절히 사모하라 그 날에 하늘이 불에 타서 풀어지고 물질이 뜨거운 불에 녹아지려니와 우리는 그의 약속대로 의가 있는 곳인 새 하늘과 새 땅을 바라보도다"(벧후 3:9-13).

3. 하나님의 뜻이 이 땅에 이루어지기를 위하여 기도하게 됩니다.

한 나라가 세워지기 위해서는 그 나라의 법이 세워져야 함과 같이, 하나님의 나라에서는 하나님의 뜻이 이루어져야 하기 때문입니다.

우리에게 "하나님의 뜻이 이루어지게 하옵소서" 하고 기도하라고 하신 예수 그리스도께서는 하나님의 뜻을 그 누구보다 온전히 이루어 보이셨습니다. 요한복음 6장 38절에 보면, "내가 하늘에서 내려온 것은 내 뜻을 행하려 함이 아니요 나를 보내신 이의 뜻을 행하려 함이니라"는 예수님의 말씀이 기록되어 있습니다. 이처럼 예수께서는 어려움과 역경 속에서도 '내 뜻'이 아니라 '하나님의 뜻'을 이행하셨습니다.

이러한 주님의 태도와 삶은 마태복음 26장 39절에 기록되어 있는 겟세마네 동산에서의 기도에 잘 표현되어 있습니다. "내 아버지여 만일 할 만하시거든 이 잔을 내게서 지나가게 하옵소서 그러나 나의 원대로 마시옵고 아버지의 원대로 하옵소서"

이와 같이 예수님의 세상에 오신 목적과 생활의 원리는 하나님의 뜻을 행하는 데 있었습니다. 따라서 하나님의 자녀는 하나님의 뜻을 행하는 삶을 살아야 합니다.

주님께서는 마태복음 12장 50절에서, "누구든지 하늘에 계신 내 아버지의 뜻대로 하는 자가 내 형제요 자매요 어머니이니라"고 말씀하셨습니다. 그러나 이러한 결단은 저절로 또는 쉽게 이루어지는 것이 아닙니다. 하나님의 도우심으로 우리의 순종, 헌신을 통해 이루어지는 것입니다. 그러기에 우리는 이 기도를 드리는 것입니다.

(1) 하나님의 뜻이 하늘에서 이루어진 것 같이

우리는 하나님의 뜻이 하나님이 계시는 하늘에서는 아무 저항도 없이 이루어진 것을 믿습니다. 그 곳에서는 하나님의 뜻이 하나님이 의도하셨던 대로 이루어졌고 앞으로도 이루어질 것입니다. 그리고 하나님의 뜻은 예수 그리스도에게서 드러났습니다.

이처럼 하나님의 뜻은 계시되었습니다. 우리는 그것이 이 땅에서도 실현 가능할 것이라는 소망을 가지게 됩니다. 우리는 하나님의 뜻이 하늘에서, 그리고 또한 예수 안에서 이루어졌듯이, 이 땅 위에서도 이루어지기를 기원합니다.

(2) 하나님의 뜻이 땅에서도 이루어지이다.

그러기에 주님을 따르는 신자는 현세에서 하나님의 뜻이 이루어지도록 기도하며 헌신해야 합니다. 물론 하나님의 뜻의 성취를 우리가 이룩할 수는 없습니다. 그것은 오로지 하나님께서 이루시는 것입니다. 그러나 하나님은 이를 우리와 함께 이루시기를 원하십니다.

첫째, 교회생활에서 하나님의 뜻이 이루어지기를 위해 기도해야 합니다.

하나님의 뜻이 교회에서 세워지기를 바랍니다. 교회는 이 세상을 본받지 말아야 합니다. 사도 바울은 로마서 12장 1-2절에서 "그러므로 형제들아 내가 하나님의 모든 자비하심으로 너희를 권하노니 너희 몸을 하나님이 기뻐하시는 거룩한 산 제물로 드리라 이는 너희가 드릴 영적 예배니라 너희는 이 세대를 본받지 말고 오직 마음을 새롭게 함으로 변화를 받아 하나님의 선하시고 기뻐하시고 온전하신 뜻이 무엇인지 분별하도록 하라"고 하셨습니다. 하나님의 기뻐하시고 온전하신 뜻을 분별하는 생활을 하게 되기를 바랍니다.

둘째, 세상에서 하나님의 뜻이 이루어지기를 위해 기도해야 합니다.

위에서 간구했듯이, 우리는 하나님의 나라와 하나님의 뜻이 이 세상에서 승리하기를 기원해야 합니다. 하나님의 뜻을 거스르는 모든 권세가 심판을 받고, 사탄의 세력을 물리치고, 하나님의 뜻에 복종하게 되기를 바랍니다. 그 때에 우리가 기원하는 하나님의 나라가 이 땅 위에 도래할 것입니다.

셋째, 신자 개인의 삶에서 하나님의 뜻이 이루어지도록 기도해야 합니다.

무엇보다도 우리 개인의 생활에서 예수님을 본받아, 나의 뜻이 아니라 하나님의 뜻을 따르는 기도와 결심이 있어야 하겠습니다. 그러기 위하여 우리는 성령 충만 곧 성결의 은혜를 받아야 합니다.

사도 바울은 데살로니가전서 4장 3절에서 "하나님의 뜻은 이것이니 너희의 거룩함이라"고 했습니다. 오늘날 음란한 세상 가운데서 음란을 버리고, 형제의 권리를 침범하거나 그를 속이거나 해서는 안 됩니다(살전 4:4-6). 히브리서 12장 14절에서는 "거룩함($\dot\alpha\gamma\iota\alpha\sigma\mu\acute{o}\nu$)을 따르라 이것이 없이는 아무도 주를 보지 못하리라"고 했습니다.

그러므로 거듭난 신자는 거기에 안주하지 말고 성령 충만한 삶, 곧 온전한 성화의 지경에 이르도록 힘써야 하겠습니다. 그리하여 항상 기뻐하고 쉬지 말고 기도하며 범사에 감사하는 성숙한 성도의 생활을 해야 할 것입니다. 성경은 그런 성숙한 생활을 하는 것이 그리스도 안에서 너희를 향하신 하나님의 뜻이라고 했습니다(살전 5:16-18).

오늘 우리에게 일용할 양식을 주시옵고

마태복음 6장 11절

"오늘 우리에게 일용할 양식을 주시옵고"(마 6:11)

앞에서 살펴본 바, 주기도문에 나타나 있는 간구는 하나님의 주권과 영광에 관한 것을 청원한 다음에, 이제 '우리'의 것에 관심을 갖습니다. 하나님은 피조물, 특히 그의 백성에 대하여 관심이 있기 때문입니다.

하나님의 나라는 예수님의 사역과 십자가에 의하여 이미 현재적으로 실현되었으나, 한편으로는 그 완성을 앞에 내다보고 있습니다. 우리는 그 중간 시간에 살고 있는 것입니다. 그러므로 우리를 위한 간구는 '이미'와 '아직' 사이에서 요청되는 것입니다. 우리는 하나님 나라의 도래를 기대하는 전제 위에서 기도하는 것임을 분명히 기억해야 합니다. 그러므로 이 간구는 주님께서 산상수훈에서 하신 분부, 곧 "먼저 그의 나라와 그의 의를 구하라 그리하면 이 모든 것을 너희에게 더하시리라"(마 6:33)는 말씀의 순서와 일치하는 것입니다.

주님께서는 '우리를 위한 간구'에서 세 가지, 곧 일용할 양식, 죄 문제, 시험과 악의 세력에 대한 위험과 공포에 대하여 간구하라고 명하고 계십니다. 이 세 가지에 대한 간구에는 우리 인간 생활에서 가장 필요한 것이 망라되어 있습니다. 하나님 아버지께서는 그와 같은 우리의 당면 문제에 대하여 관심을 가지고 계신 것입니다. 빈곤과 범죄와 질병을 흔히 사회의 삼대 악(三大惡)이라고 말하지 않습니까? 그것은 곧 현재, 과거, 미래에 관련된 문제들입니다.

그러면 우리를 위한 간구의 각각에 대하여 상고해 보기로 합시다.

"오늘 우리에게 일용할 양식을 주시옵소서."

1. 하나님은 우리의 육신생활에도 관심을 가지십니다.

성경을 보면 예수님은 자신을 '생명의 떡'이라고 묘사하기도 했습니다. 따라서 양식이라는 말은 예수님을 가리킨다고 보는 사람도 있습니다. 루터도 이 점을 강조했습니다. 그러나 본문이 가리키는 것은 육의 양식을 의미한다고 생각됩니다.

또 어떤 이들은 하나님을 물질에 관심이 없는 분으로 생각하기도 하지만, 이는 지나친 생각입니다. 하나님께서는 우리들의 육신도 중요시한다는 것을 간과해서는 안 됩니다. 하나님의 구원은 우리의 육신을 포함합니다. 하나님이 계획하신 구원은 몸의 부활을 포함한 전인적인 구원입니다. 따라서 하나님은 우리의 육신의 생활에도 관심을 가지고 계십니다. 이스라엘 사람들이 광야를 여행할 때 하늘에서 만나와 메추라기를 내려 그들을 돌보신 하나님이십니다. 예수님께서는 오병이어의 이적으로 굶주린 군중 오천 명에게 양식을 먹이셨습니다.

그러므로 여기 주기도문에서 말하는 '양식'은 육신의 양식을 가리킵니다. 곧 하나님께서는 먹을 것이 없어 걱정이 되면 아버지께 간구하라고 하신 것입니다.

구약시대에, 사랑하는 선지자에게 까마귀를 통해서라도 먹여주셨던 하나님, 그 하나님이 바로 우리를 돌보시는 줄 믿습니다. 이 얼마나 감사한 일입니까? 하나님은 해와 달을 만들어 우리를 비추시고 하늘에서 비를 내려 농사를 짓게 하시는 분이십니다. 그러기에 근원적으로는 모든 식물도 하나님의 은총으로 자라는 것입니다. 따라서 우리는 믿음으로 일용한 양식을 위하여 하나님께 간구해야 합니다.

2. 우리는 육의 떡과 영의 양식을 필요로 합니다.

우리가 필요로 하는 것이 육의 떡만은 아닙니다. 우리에게는 신령한 영의 양식도 필요합니다. 그러기에 어거스틴은 여기에서 말하고 있는 '양식'이 하나님의 말씀, 육의 떡, 성찬식에서 나타나는 성별된 떡, 이 세 가지 모두를 포함한다고 했습니다.

여기에서 말하는 양식은 우리에게 필요한 것 모두를 포함하는 것입니다. 곧 우리가 사는 데 필요한 모든 것을 의미합니다.

우리의 생활에 관심을 가지시는 아버지 앞에 필요한 것을 다 간구하시기 바랍니다. 이것은 하나님 아버지의 자녀인 우리의 특권입니다.

3. 오늘 우리에게 일용할 양식만을 구해야 합니다.

주님은 오늘 우리에게 일용할 양식을 구하라고 하셨습니다.

(1) 존재에 필수적인 것을 구해야 합니다.

먼저 우리는 '일용할 양식'(ἐπιούσιον ἄρτος)이라는 말에 귀를 기울여야 합니다. 여기 '일용할'이라는 말을 새번역과 공동번역에서는 '필요한'이라고 번역했습니다. 영어로는 'daily', 독일어로는 'taglich'로 표현했습니다. 헬라어에서는 ἐπιούσιον으로 표현하였습니다. 이 헬라어를 직역하면, '존재 또는 본질 위에'라는 뜻으로, 존재에 필수적인 것(ἀρτον ἠμῶν τον ἐπιουσιον)이라는 의미입니다.

광야에서 만나로 일용할 양식을 주실 때 그랬듯이(민 16:4), 하나님은 우리의 일용할 양식, 곧 하루에 족한 것을 구하라고 하신 것입니다. 하루하루를 하나님을 앙망하며 살도록 교훈하신 것입니다. 우리는 믿습니다. 이렇게 간구하는 우리를 하나님은 도와주실 것입니다.

이에 잠언 30장 7-9절에 있는 아굴의 아름다운 기도를 기억합니다.

"내가 두 가지 일을 주께 구하였사오니 내가 죽기 전에 내게 거절하지 마시옵소서 곧 헛된 것과 거짓말을 내게서 멀리 하옵시며 나를 가난하게도 마옵시고 부하게도 마옵시고 오직 필요한 양식으로 나를 먹이시옵소서 혹 내가 배불러서 하나님을 모른다 여호와가 누구냐 할까 하오며 혹 내가 가난하여 도둑질하고 내 하나님의 이름을 욕되게 할까 두려워 함이니이다"

(2) 우리 곧 모두에게 필요한 것을 구해야 합니다.

주기도문 본문을 자세히 보면, '내게'가 아니라, '우리에게' 주실 것을 구하고 있다는 것을 알 수 있습니다. 여기에는 우리의 간구가 나 개인 자신만을 위한 것이 아니라 모든 사람에게 일용할 양식을 달라고 구하는 간구여야 한다는 의미가 들어있는 것입니다. 그러기에 우리는 나 개인뿐 아니라 세상에 굶주린 사람들에 대해 관심을 갖고 그들의 일용할 양식을 위해서도 기도해야 하는 것입니다.

따라서 우리들은 분배의 정의를 위해서도 기도해야 합니다. 광야에서 만나를 내리신 하나님의 뜻에서 읽을 수 있듯이, 하나님께서 양식을 주신 것은 모든 사람을 위한 것이기 때문입니다.

4. 일용할 양식을 위하여 우리는 열심히 일해야 합니다.

앞에서도 언급했지만 기도의 이면은 헌신입니다. 따라서 우리가 이렇게 기도할 때 우리에게는 노력과 헌신이 따라야 합니다. 곧 일용할 양식을 위하여 우리는 열심히 일해야 하는 것입니다. 하나님께서 종자를 주시고 해와 비를 주시며 기회를 주실 때 농부가 성실히 농사를 지어야 곡식을 거둘 수 있는 것과 같이, 우리는 주어진 기회에 열심히 일해야 합니다.

사도 바울은 데살로니가후서 3장 7-12절에서 다음과 같이 권고합니다.

"어떻게 우리를 본받아야 할지를 너희가 스스로 아나니 우리가 너희 가운데서 무질서하게 행하지 아니하며 누구에게서든지 음식을 값없이 먹지 않고 오직 수고하고 애써 주야로 일함은 너희 아무에게도 폐를 끼치지 아니하려 함이니 우리에게 권리가 없는 것이 아니요 오직 스스로 너희에게 본을 보여 우리를 본받게 하려 함이니라 우리가 너희와 함께 있을 때에도 너희에게 명하기를 누구든지 일하기 싫어하거든 먹지도 말게 하라 하였더니 우리가 들은즉 너희 가운데 게으르게 행하여 도무지 일하지 아니하고 일을 만들기만 하는 자들이 있다 하니 이런 자들에게 우리가 명하고 주 예수 그리스도 안에서 권하기를 조용히 일하여 자기 양식을 먹으라 하노라"

산상수훈 (21) / 주기도문 (5)

우리 죄를 사하여 주시옵고

마태복음 6장 12절

"우리가 우리에게 죄 지은 자를 사하여 준 것 같이 우리 죄를 사하여
주시옵고"(마 6:12)
"그 때에 베드로가 나아와 이르되 주여 형제가 내게 죄를 범하면 몇 번
이나 용서하여 주리이까 일곱 번까지 하오리이까 예수께서 이르시되
네게 이르노니 일곱 번뿐 아니라 일곱 번을 일흔 번까지라도 할지니
라 그러므로 천국은 그 종들과 결산하려 하던 어떤 임금과 같으니 결산
할 때에 만 달란트 빚진 자 하나를 데려오매 갚을 것이 없는지라 주인
이 명하여 그 몸과 아내와 자식들과 모든 소유를 다 팔아 갚게 하라 하
니 그 종이 엎드려 절하며 이르되 내게 참으소서 다 갚으리이다 하거늘
그 종의 주인이 불쌍히 여겨 놓아 보내며 그 빚을 탕감하여 주었더니
그 종이 나가서 자기에게 백 데나리온 빚진 동료 한 사람을 만나 붙들
어 목을 잡고 이르되 빚을 갚으라 하매 그 동료가 엎드려 간구하여 이
르되 나에게 참아 주소서 갚으리이다 하되 허락하지 아니하고 이에 가
서 그가 빚을 갚도록 옥에 가두거늘 그 동료들이 그것을 보고 몹시 딱
하게 여겨 주인에게 가서 그 일을 다 알리니 이에 주인이 그를 불러다
가 말하되 악한 종아 네가 빌기에 내가 네 빚을 전부 탕감하여 주었거
늘 내가 너를 불쌍히 여김과 같이 너도 네 동료를 불쌍히 여김이 마땅
하지 아니하냐 하고 주인이 노하여 그 빚을 다 갚도록 그를 옥졸들에게
넘기니라 너희가 각각 마음으로부터 형제를 용서하지 아니하면 나의
하늘 아버지께서도 너희에게 이와 같이 하시리라"(마 18:21-35)

우리를 위한 두 번째 기원은 죄로 인한 고통에서 건져달라는 기원입니다. 이 기도가 구체적으로 무엇을 의미하는지를 살펴보겠습니다.

1. 우리 모두는 죄인입니다.

(1) 무엇이 죄입니까?

마태는 죄를 'τα οφειληματα'로 표현했습니다. 이 말은 οφειλημα의 복수 명사로, 동사 ὀφειλω(빚을 지다)에서 파생된 명사입니다. 그것은 '빚'(debt), 또는 '해야 할 것을 다 하지 못한 것'(due)을 나타내는 말입니다.

신약성서에서 '죄'를 가리키는 단어로는 헬라어의 ὀφειλημα' 외에도 다른 여러 말이 있습니다.

첫째, 헬라어의 'ἀνομία'라는 말이 있습니다.

이는 '불법'을 의미합니다. 이 말은 요한일서 3장 4절에 나오는 죄에 대한 정의 가운데 들어 있는 말입니다. 죄는 율법을 위반하는 것입니다.

하나님께서는 이 자연계가 질서 있게 운영되기 위해서 자연 법칙을 두셨습니다. 마찬가지로, 하나님께서는 우리 인간을 만드시고 인간생활을 올바르게 수행하기 위하여 십계명을 위시하여 여러 도덕적 법을 우리에게 주셨습니다.

그와 같은 하나님의 법을 범하는 것이 죄입니다. 하나님의 법을 알면서도 하나님의 법을 무시하며 자기 자신이 선택한 길을 걷는 사람의 죄를 말합니다. 옳은 것을 알면서도 악을 행하는 사람의 죄를 말하는 것입니다. 이 단어는 신약성서에 11번이나 나옵니다.

둘째, 헬라어의 'παράβασις'라는 말이 있습니다..

이 단어는 παραβαίνω라는 동사에서 나온 말로, '넘어서 간다'라는 뜻입니다. 영어로는 transgression이라고 번역을 하였습니다. 곧 선과 악 사이에는 하나의 줄이 있는데, 그 줄을 넘어가는 것이 죄가 된다는 뜻입니다. 이 말은 신약성서에 6번 나옵니다.

이와 비슷한 말로 헬라어에 'παράπτωμα'라는 말이 있습니다. 이 말은 παραπίπτω라는 동사에서 나온 말로, '잘못하여 떨어진다' 또는 '빠진다'는 뜻입니다. 이 말은 영어로는 앞서와 같이 transgression이라고 번역을 하는데, 뜻은 '미끄러져 넘어진다'는 것입니다.

셋째, 헬라어의 'ἁμαρτία'란 말이 있습니다.

이 말은 신약성서에서 무려 170번 이상 나옵니다. 이 말은 헬라의의 동사 άμαρτανω에서 파생된 말로서, 원래 사격에서 쓰는 용어로, 쏜 화살이나 던진 창이 표적에서 빗나 갔을 때 사용하는 말입니다(missing the mark).

그러니까 죄란 우리가 마땅히 되어야 했으며, 되어야 하고, 또 될 수 있는 모든 최선의 경지에 미달된 상태를 말하는 것입니다. 결국 이런 말로 표현되는 죄는 알든지 몰랐든지 간에 하나님의 법을 범하는 죄를 의미합니다.

우리가 범하는 개인적인 죄(personal sins)는 두 가지 종류로 구분할 수 있습니다. 하나는 알고 의식적으로 범하는 죄(voluntarily transgression of the known law of God)요, 다른 하나는 무의식중에, 즉 다른 말로 표현하면, 모르고 하나님의 온전한 법을 범하는 죄, 곧 허물(involuntarily transgression of the perfect law of God, known or unknown, 또는 sinning without knowing)입니다.

넷째, 마태는 주기도문에서 죄를 헬라어의 όφείλημα로 표현했습니다.

누가가 기록한 주기도문에서는 죄를 헬라어로 άμαρτία로 표현하였으나, 어떤 사본에서는 누가복음에서도 όφείλημα로 표현을 한 곳도 있습니다.

이 말의 뜻은 앞에서 설명한대로 '빚'(debt)입니다. 곧 우

리가 하나님께 해야 할 책임을 다하지 못한 것이 죄라는 뜻
입니다. 우리가 하나님께 지고 있는 빚이란 단지 율법을 주
신 자에 대하여 지고 있는 빚이 아니라, 무엇보다도 하나님
의 크신 사랑에 대하여 우리가 지고 있는 의무를 다하지 못
한 것을 의미합니다. 하나님에 대한 의무를 다 하지 못하는
것도 죄라는 의미입니다.

(2) 우리 모두가 죄인입니다.

이러한 죄의 개념에 비추어 볼 때 죄인 아닌 사람이 어디
있겠습니까? 십계명을 위시하여 하나님의 계명을 어기지
않은 사람이 어디 있겠습니까? 또한 원래 인간이 지음 받
은 뜻대로 최선의 사람이 되었다고 주장할 수 있는 사람도
거의 없을 것입니다. 그리고 자기가 해야 할 일을 완전하게
최선을 다하여 행했다고 주장할 수 있는 사람도 없을 것입
니다. 다른 사람과의 관계에서도 완전하다고 주장할 수도
없을 것입니다. 또한 하나님의 그 크신 사랑에 대하여 우리
가 의무를 다 했다고 장담할 사람이 어디 있겠습니까?

이렇게 생각한다면, 이러한 죄의 개념 아래에서 죄 없다고
주장할 사람은 하나도 없을 것입니다. 그러므로 우리 모두는
죄인입니다. 로마서 3장 23절에 "모든 사람이 죄를 범하였으
매 하나님의 영광에 이르지 못하더니"(참고, 롬 3:9)라고 기

록되어 있습니다. 그러므로 우리가 이 기도를 드릴 때에는 우리 자신이 죄인인 것을 시인하며 고백하는 것입니다.

(3) 죄의 결과는 비참합니다.

죄는 하나님으로부터의 이탈을 의미합니다. 또한 죄를 짓는 자는 마귀에게 속하게 됩니다(요일 3:8). 그리고 죄의 마지막 결과는 사망입니다(롬 6:23). 그러므로 범죄자의 고통은 말할 수 없이 괴로운 것입니다.

우리는 그런 고통을 시편 32편 3-4절에 나타난 다윗의 고백에서 엿볼 수 있습니다. 범죄한 그는 "내가 입을 열지 아니할 때에 종일 신음하므로 내 뼈가 쇠하였도다 주의 손이 주야로 나를 누르시오니 내 진액이 빠져서 여름 가뭄에 마름 같이 되었나이다"라고 했습니다. 또 시편 38편 3-4절에서는 "주의 진노로 말미암아 내 살에 성한 곳이 없사오며 나의 죄로 말미암아 내 뼈에 평안함이 없나이다 내 죄악이 내 머리에 넘쳐서 무거운 짐 같으니 내가 감당할 수 없나이다"라고 했습니다. 이는 그가 가지고 있는 지식이나 권세로도 해결할 수 없는 고통이었습니다. 다윗의 간증을 비추어 보면, 이 세상에 여러 가지 고통이 있으나 죄로 인하여 오는 고통 이상 더 심한 고통은 없습니다. 그것은 인간의 수단으로는 해결할 수 없는 고통입니다.

이에 주님께서, 이런 고통에서 벗어나기 위하여 "우리의 죄를 사하여 주시옵소서." 하고 하나님께 기도하라고 명령하신 것입니다. 이런 고통은 하나님으로부터 용서를 받음으로만이 해결될 수 있는 것이기 때문입니다.

2. 하나님은 죄를 용서하시기를 원하십니다.

성경 시편 103편 8절을 보면, "여호와는 긍휼이 많으시고 은혜로우시며 노하기를 더디 하시고 인자하심이 풍부"하신 분이십니다.

따라서 하나님은 시편 103편 10절에서 밝혔듯이, 우리의 죄를 따라 처벌하지 아니하시며 우리의 죄악을 따라 갚지 아니하십니다. 그리하여 시편 기자는 103편 11절에서 "이는 하늘이 땅에서 높음 같이 그를 경외하는 자에게 그의 인자하심이 크심이로다"라고 했던 것입니다.

이사야 1장 18절에서 말씀하시기를 "여호와께서 말씀하시되 오라 우리가 서로 변론하자 너희의 죄가 주홍 같을지라도 눈과 같이 희어질 것이요 진홍 같이 붉을지라도 양털 같이 희게 되리라"고 했습니다. 다시 말해서 하나님께서 주홍 같이 붉은 죄라도 용서하시고 흰 눈과 양털 같이 깨끗하게 해주신다고 약속하신 것입니다.

신약성서에 와 보면, 요한복음 3장 16절에서 "하나님이 세상을 이처럼 사랑하사 독생자를 주셨다"라고 증언하고 있습니다. 그가 십자가에서 죽음으로 우리 죄를 위하여 '화목제물'이 되셨다고 로마서 3장 25절에서 말씀하셨습니다 (참고 요일 2:2). 더구나 요한복음 3장 16절에서 "이는 그를 믿는 자마다 멸망하지 않고 영생을 얻게 하려 하심이라"고 했습니다.

그러므로 죄가 크다고 하여 절망하거나 낙심할 것이 아닙니다. 성경은 로마서 5장 20절에서 말하기를 "죄가 더한 곳에 은혜가 더욱 넘쳤나니'라고 했습니다.

3. 우리의 기도에는 신앙의 결단이 따라야 합니다.

위에서 우리가 거듭 거듭 말하였듯이, 기도의 이면은 헌신입니다. 따라서 우리가 하나님을 향하여 "우리 죄를 사하여 주시옵소서!" 하고 기도할 때, 자신의 죄를 회개하고 믿어야 합니다.

(1) 죄를 자백하고 믿어야 합니다.
하나님은 요한일서 1장 9절을 통하여 약속하셨습니다. "만일 우리가 우리 죄를 자백하면 그는 미쁘시고 의로우사 우리 죄를 사하시며 우리를 모든 불의에서 깨끗하게 하실 것이요"

여기 '자백'이라는 말은 주님께서 우리의 죄를 지적하실 때 그대로 인정하고 회개하며 믿는 것을 의미합니다. 죄 사함을 받기 위하여 기도하라고 명령하신 주님은 동시에 복음을 듣는 자가 회개와 믿음으로 호응할 것을 요청합니다.

예수님의 처음 메시지는 마가복음 1장 15절에서 보듯이 "때가 찼고 하나님의 나라가 가까이 왔으니 회개하고 복음을 믿으라"는 것이었습니다. 사도 베드로가 오순절에 은혜 받고 외친 첫 메시지도 사도행전 3장 19절에 의하면 "그러므로 너희가 회개하고 돌이켜 너희 죄 없이 함을 받으라 이같이 하면 새롭게 되는 날이 주 앞으로부터 이를 것이요"(행 2:38)라는 말씀이었습니다. 부활하신 예수님께서 제자들에게 마지막으로 부탁하신 메시지도 누가복음 24장 47절에서 보듯이 "죄 사함을 얻게 하는 회개를 전파하라"는 것이었습니다.

죄 사함을 받기 원하는 여러분! 회개와 믿음으로 이 기도를 드리시기를 바랍니다. 이런 기도를 드리는 자를 향하여 하나님은 사죄의 확신을 주십니다. "나 곧 나는 나를 위하여 네 허물을 도말하는 자니 네 죄를 기억하지 아니하리라"(사 43:25).

(2) 주를 순간순간 의지하며 걸어가야 합니다.

우리는 자신이 의식적으로 범한 죄를 자백하고 용서를 받음으로 하나님의 자녀가 됩니다. 이는 놀라운 특권입니다. 그러나 기억할 것은 "우리 죄를 사하여 주시옵소서" 하는 기도는 하나님의 자녀가 된 자, 심지어는 온전한 성화의 은혜를 받은 성자라 해도 여전히 계속하여 드려야 하는 기도라는 것입니다.

마태복음에서는 죄를 헬라어로 'ὀφειλήματα'로 표현하면서 우리 모두가 하나님 앞에 빚진 자라는 것을 지적했습니다. 다시 말해서, 제 아무리 성자라 해도 인간은 하나님이 원하시는 것을 완전히 이행하지는 못합니다. 사랑의 관계에서는 늘 빚진 마음이 있을 수밖에 없습니다. 육을 가진 인간은 무의식중에 실수를 하거나 하나님의 온전한 법을 어기게 되기 때문입니다. 마치 안경알을 깨끗이 닦았다고 해도 먼지 있는 공간에 다니면 자기도 모르는 사이에 다시 안경알에 먼지가 끼는 것과도 같습니다.

그러기에 성도는 순간순간 이 기도를 드리며 살아가야 합니다. 순간순간 대제사장 되신 주 예수님을 믿으며 살아야 합니다. 그러나 동시에, 순간순간 주를 믿으며 걸어가는 우리는, 구약에서 대제사장의 기도에 참여한 자들이 그들의 허물로부터 씻음을 받았던 것과 같이, 지금도 하나님의 보좌 우편에서 우리 주님이 드리시는 중보기도에 참여하는바 되어 그 허물에서 씻음을 받게 되는 줄 믿습니다(레 4:31, 35, 16:15-17; 히 9:7)

곧 저가 빛 가운데 거하는 것 같이 우리도 빛 가운데 거하면 그리스도의 보혈이 우리의 알지 못하고 범한 허물을 씻어주시기에, 우리는 하나님 앞에 담대히 설 수 있는 것입니다(요일 1:7; 히 10:12-13; 롬 8:33-34 참조). 이는 마치 건강한 사람의 눈에 무의식중에 미세한 먼지가 들어가지만, 그럼에도 불구하고 눈에 눈물이 수시로 흐르기에 눈이 깨끗할 수 있는 것과도 같습니다.

존 웨슬리는 '신자의 회개'라는 설교에서 다음과 같이 말합니다.

"순간순간 우리는 주님의 공로를 필요로 합니다. 또한 확신을 가지고 말합니다. 주여, 우리는 순간순간 주의 죽음의 공로를 갖고 있습니다."

(3) 우리는 우리에게 죄 지은 자를 용서해야 합니다.

주님은 죄 사함을 받기 위한 기도를 함에 있어, "우리에게 죄 지은 자를 사하여 준 것 같이 우리 죄를 사하여 주시옵소서'라고 기도하라고 하셨습니다. 특히 누가복음에는 "모든 사람의 죄($\acute{o}\phi\epsilon\acute{\iota}\lambda o\nu\tau\iota$)를 용서하오니 우리 죄도 사하여 주시옵고"라고 표현하고 있습니다.

누가복음에는 이 구절이 '같이($\omega\varsigma$)'가 아니라 '왜 그런고 하니($\gamma\alpha\rho$)'로 시작하고 있습니다. 즉 다른 사람의 허물을 용서하는 것이 전제사항처럼 되어 있는 것입니다.

주님께서 일찍이 마태복음 6장 14-15절에서 말씀하셨습니다.

"너희가 사람의 잘못을 용서하면 너희 하늘 아버지께서도 너희 잘못을 용서하시려니와 너희가 사람의 잘못을 용서하지 아니하면 너희 아버지께서도 너희 잘못을 용서하지 아니하시리라"

그러므로 우리는 우리의 죄 사함을 받기 위하여 나에게 빚진 자들을 용감하게 용서해야 합니다. 사실 사죄 받은 감격이 있는 한 남의 허물도 용서할 수 있는 것입니다. 이 기도를 드리는 순간 우리에게 잘못한 사람들의 죄와 허물을 용서하시기를 바랍니다.

"그러므로 예물을 제단에 드리려다가 거기서 네 형제에게 원망들을 만한 일이 있는 것이 생각나거든 예물을 제단 앞에 두고 먼저 가서 형제와 화목하고 그 후에 와서 예물을 드리라"고 주님은 마태복음 5장 23-24절에서 말씀하셨습니다.

그러니까 "우리가 우리에게 죄 지은 자를 사하여 준 것같이 우리 죄를 사하여 주시옵소서"라고 기도해야 합니다.

산상수훈 (22) / 주기도문 (6)

시험에 들게 하지 마시옵고, 악에서 구하시옵소서

마태복음 6장 13절

> "우리를 시험에 들게 하지 마시옵고 다만 악에서 구하시옵소서 (나라
> 와 권세와 영광이 아버지께 영원히 있사옵나이다 아멘)"(마 6:13)

앞에서 언급한 대로 주기도문의 간구는 2부로 구성되어 있습니다. 그 첫 부분은 하나님에 관한 것이요, 뒷부분은 우리들의 필요한 것들에 대한 간구입니다.

이는 "먼저 그의 나라와 그의 의를 구하라 그리하면 이 모든 것을 너희에게 더하시리라"(마 6:33)고 하신 주님의 약속과 일치합니다.

우리들의 필요한 것들이 무엇입니까?

첫 번째는 일용할 양식, 곧 물질적인 필요입니다. 현재의 필요입니다. 두 번째는 죄에서의 용서, 곧 정신적인 것입니

다. 과거에 생긴 필요입니다. 세 번째는 시험과 악한 자에게서 오는 어려움, 곧 영적인 것입니다. 미래에 관한 것입니다.

앞의 두 가지는 자율적인 데서 오는 어려움이요, 세 번째는 타율적인 데서 오는 어려움입니다. 바로 이에 대하여 우리는 다음과 같이 기도하게 되는 것입니다.

"우리를 시험에 들게 하지 마시옵고 다만 악에서 구하시옵소서 (나라와 권세와 영광이 아버지께 영원히 있사옵나이다 아멘)"

이 간구의 뜻을 분명히 알기 위하여 우리는 우선 다음의 두 가지 낱말, 곧 '시험'과 '악'에 대하여 생각해 봐야 합니다. 시험과 악은 무엇을 의미합니까?

1. 여기서 시험(πειρασμός)은 무엇을 의미합니까?

'시험'을 가리키는 헬라어 πειρασμός의 동사형인 πειραζω라는 말은 세속적인 헬라어에서는 '무엇을 시도한다'(to try, to attempt to make)는 뜻으로 사용되었습니다. 그러나 성경에서는 다른 두 가지 뜻으로 사용되었습니다.

첫째, 사람의 진실성, 진정성, 충실성 등을 살펴보는 것으로, '시련'이라는 뜻으로 사용되었습니다. 둘째, 어떠한 어려움 또는 함정이나 죄에 빠지도록 꾀고 유혹한다는 뜻으로 사용되었습니다. 따라서 이 단어가 무엇을 의미하는지는 그 용례(用例)에 따라 이해하여야 합니다.

이 말의 용례를 보면, '시험'에는 하나님께로부터 오는 것과 마귀로부터 오는 것이 있습니다. 하나님께로부터 오는 것을 시련(試鍊)이라고 부르고, 마귀로부터 오는 것을 유혹(誘惑)이라고 흔히 불러 구분했습니다.

(1) 시련(試鍊)

학교에 다니는 학생은 누구나 시험을 치릅니다. 시험을 치루는 목적은 우선 학생의 실력을 알아보는 데에 있다고 볼 수도 있지만, 진정한 목적은 교육적인 데에 있습니다. 시험을 통하여 더 공부하도록 하려는 것입니다. 배운 것을 진정으로 익히도록 하려는 것입니다. 이러한 의미에서, 신앙생활에도 시련이 있다는 것을 알아야 합니다.

예를 들어 창세기 22장 1절을 보면, 하나님이 아브라함을 시험하시려고 그에게 독자 이삭을 하나님이 지시하시는 산에서 제물로 드리라고 했습니다. 이것은 시련입니다. 이와 같은 시련을 통하여, 우리의 신앙은 성숙해지는 것입니다. 하나님께로부터 오는 시험이라는 것은, 우리를 더욱 유익한 길로 인도하기 위해 일시적으로 어려움을 경험하게 하는 것입니다. 이것은 시련(test under trial)입니다. 다음의 성경 말씀은 바로 이러한 시련을 언급하는 것입니다.

베드로전서 1장 6-7절에서 다음과 같이 말씀하고 있습니다.

"그러므로 너희가 이제 여러 가지 시험으로 말미암아 잠깐 근심하게 되지 않을 수 없으나 오히려 크게 기뻐하는도다 너희 믿음의 확실함은 불로 연단하여도 없어질 금보다 더 귀하여 예수 그리스도께서 나타나실 때에 칭찬과 영광과 존귀를 얻게 할 것이니라"

야고보서는 1장 2-4절에서 말합니다.

"내 형제들아 너희가 여러 가지 시험을 당하거든 온전히 기쁘게 여기라 이는 너희 믿음의 시련이 인내를 만들어 내는 줄 너희가 앎이라 인내를 온전히 이루라 이는 너희로 온전하고 구비하여 조금도 부족함이 없게 하려 함이라"

또 이어서 말합니다. "시험을 참는 자는 복이 있나니 이는 시련을 견디어 낸 자가 주께서 자기를 사랑하는 자들에게 약속하신 생명의 면류관을 얻을 것이기 때문이라"(약 1:12).

이러한 시련을 당할 때 우리는 다음의 성경 말씀을 기억하고 용기를 내어야 할 것입니다.

"사람이 감당할 시험 밖에는 너희가 당한 것이 없나니 오직 하나님은 미쁘사 너희가 감당하지 못할 시험 당함을 허락하지 아니하시고 시험 당할 즈음에 또한 피할 길을 내사 너희로 능히 감당하게 하시느니라"(고전 10:13).

욥은 참으로 어려운 시련을 당하였으나 하나님만 의뢰하며 참고 그 시련을 이겼습니다. 우리는 그로 인하여 욥이 하나님으로부터 더 큰 복을 받았음을 기억하고, 다가오는 시련을 이겨내야 하겠습니다.

(2) 유혹(誘惑)

앞에서 말했듯이, 시험($\pi\epsilon\iota\rho\alpha\sigma\mu\acute{o}\varsigma$)이라는 말이 '시련'이 아닌 다른 의미로 사용될 때가 있습니다. 사람을 죄에 빠지도록 이끄는 시험이 그것입니다. 곧 '유혹'(temptation)입니다.

에덴동산에서 악한 마귀가 뱀을 통하여 하와와 아담을 유혹했습니다. 선악과를 따 먹어도 죽지 않는다고 거짓말을 하면서 말입니다.

마태복음 4장을 보면, 광야에서 악한 마귀가 예수님을 시험하는 장면이 나옵니다. 이 역시 예수를 넘어뜨리고자 하는 유혹이었습니다.

"돌로 떡을 만들어 먹으라."

"성전 꼭대기에서 뛰어 내리라."

"(세상의 영광을 보이면서) 내게 절하라 그리하면 이 모든 것을 네게 주리라."

이는 마귀에게서 오는 시험입니다. 오늘날도 이와 같이 마귀들이 성도를 넘어뜨리기 위해 활약하고 있음을 알아야 합니다.

사도 베드로는 베드로전서 5장 8절에서 경고합니다.

"근신하라 깨어라 너희 대적 마귀가 우는 사자 같이 두루 다니며 삼킬 자를 찾나니"

우리 주변에는 얼마나 많은 유혹이 있는지 모릅니다. 그 한 예에 관하여 예수님께서는 누가복음 14장 16-20절에서 다음과 같이 말씀하셨습니다.

"이르시되 어떤 사람이 큰 잔치를 베풀고 많은 사람을 청하였더니 잔치할 시각에 그 청하였던 자들에게 종을 보내어 이르되 오소서 모든 것이 준비되었나이다 하매 다 일치하게 사양하여 한 사람은 이르되 나는 밭을 샀으매 아무래도 나가 보아야 하겠으니 청컨대 나를 양해하도록 하라 하고 또 한 사람은 이르되 나는 소 다섯 겨리를 샀으매 시험하러 가니 청컨대 나를 양해하도록 하라 하고 또 한 사람은 이르되 나는 장가 들었으니 그러므로 가지 못하겠노라 하는지라"

사람들은 이런 일 저런 일로 인하여 유혹에 빠지고 있는 것입니다. 유혹인 줄 알면서도 그 유혹에서 빠져나오기가 힘듭니다. 유혹에서 승리하기 위해서는 하나님의 도움이 필요합니다. 그래서 주님은 "시험에 들게 하지 마시옵고"라고 기도하라고 분부하신 것입니다.

여러분, 아담, 곧 사람은 유혹에 빠져 죄를 지었으나, 예수님은 이기셨습니다. 하나님이 도우실 때 우리는 유혹에 빠지지 않을 수 있음을 믿습니다.

2. 시험에 들게 하지 마시옵고

그러면 "시험에 들게 하지 마시옵고"라는 뜻이 무엇입니까? 이는 우리에게 시험이나 고난을 아주 없게 해달라는 뜻이 아닙니다. 그것은 불가능합니다. 시험에 들지 않기를 간구하는 것은 시험 중에 악으로 빠지지 않게 해달라는 것입니다. 곧 시험을 이기게 해달라는 뜻입니다.

이는 먼저, 본성이 약한 우리가 시험과 고난을 당할 때에 빠져들기 쉬운 유혹에 걸려들지 말게 하여 달라는 기원입니다. 또한, 만일 우리가 악에 빠지는 경우, 우리가 스스로 빠져나오기가 어려우니 하나님께서 우리를 건져 내어 달라는 기원입니다.

우리는 마태복음 4장 1-11절에서, 예수님께서 그렇게도 어려운 마귀의 시험에서 승리하신 것을 보게 됩니다. 주님은 요한복음 16장 33절에서 다음과 같이 우리를 격려하십니다.

"이것을 너희에게 이르는 것은 너희로 내 안에서 평안을 누리게 하려 함이라 세상에서는 너희가 환난을 당하나 담대하라 내가 세상을 이기었노라"

또한 요한복음 17장 15절을 보면, 예수님께서는 제자들을 위하여 다음과 같이 기도하셨습니다.

"내가 비옵는 것은 그들을 세상에서 데려가시기를 위함이 아니요 다만 악에 빠지지 않게 보전하시기를 위함이니이다"

여러분, 우리가 시험을 당할 때에 하나님이 도와주시면 승리할 수 있습니다. 그러므로 우리는 "시험에 들게 하지 마시옵소서" 하고 기도해야 합니다.

3. 다만 악에서 구하시옵소서

(1) 이 세상에는 아직도 악의 세력이 있습니다.

우리는 이제 "이 간구가 별개의 것인가, 아니면 시험에 들지 말게 해달라는 것의 연속인가?" 하고 질문하게 됩니다.

주기도문을 보면, 이 구절(μὴ εἰσενέγκῃς ἡμᾶς εἰς πειρασμόν, ἀλλὰ ῥῦσαι ἡμᾶς ἀπὸ τοῦ πονηρου)이 μη(영어로는 not), ἀλλὰ(영어로는 but)로 구성되어 있습니다. 그러므로 이 간구는 전자의 소극적인 간구와 뒤의 적극적인 간구가 합하여 하나의 간구를 이루고 있는 것이라고 보아야 할 것입니다.

그러면 여기에서 '악'이란 무엇을 의미합니까? 헬라어 본문에 τοῦ πονηρου로 표현하면서 정관사를 붙인 것으로 보아, 이는 악한 자(the evil one), 곧 마귀를 가리키는 것으로 해석해야 할 것입니다.

성경을 보면, "예수 그리스도께서 십자가로 권세와 세력의 천신들을 사로잡아 그 무장을 해제시키시고 그들을 구경거리로 삼아 끌고 개선의 행진을 하셨습니다"라고 증언하고 있습니다(골 2:15 공동번역). 그리하여 그들은 패잔병과 같을 뿐입니다. 그러나 그들이 아직도 이 세상에서 활약하고 있음을 잊어서는 안 됩니다.

이에 사도 베드로는 베드로전서 5장 8-9절에서 우리에게 경고하고 있습니다.

"근신하라 깨어라 너희 대적 마귀가 우는 사자 같이 두루 다니며 삼킬 자를 찾나니 너희는 믿음을 굳건하게 하여 그를 대적하라 이는 세상에 있는 너희 형제들도 동일한 고난을 당하는 줄을 앎이라"

그래서 주님은 "악에서 구하시옵소서"라고 하나님께 기도하라고 말씀하시는 것입니다.

(2) 주님은 마귀보다 더 큰 승리자입니다.

우리는 주님이 더 큰 자인 것을 믿습니다. 그러므로 이 기도는 주님께서 능력으로 우리를 악에서 구해 줄 수 있는 줄을 믿는다는 고백이며 확인입니다. 따라서 이 기도는 사도 요한이 요한일서 4장 4절에서 "자녀들아 너희는 하나님께 속하였고 또 그들을 이기었나니 이는 너희 안에 계신 이가 세상에 있는 자보다 크심이라"고 함과 같이 주님의 주권의 권세를 인지하는 고백입니다.

우리 주님은 하늘의 권세를 가지신 분입니다. 그리고 주님은 주의 제자들에게 마귀를 내쫓는 권세를 주셨습니다(막 16:15-17; 마 10:1-7).

사도들은 말합니다. "너희는 믿음을 굳건하게 하여 그(마귀)를 대적하라"(벧전 5:9). "그런즉 너희는 하나님께 복종할지어다 마귀를 대적하라 그리하면 너희를 피하리라"(약 4:7).

우리가 이러한 내용으로 기원드릴 때 마귀의 시험이 물러
갈 줄 믿습니다.

4. 나라와 권세와 영광이 아버지께 영원히 있사옵나이다

"(대개) 나라와 권세와 영광이 아버지께 영원히 있사옵나
이다"

"하늘에 계신 우리 아버지여" 하고 시작한 기도는 바로
이 확신과 선언으로 마감됩니다. 이는 기도 응답의 확신입
니다.

이러한 확신에 찬 우리의 고백은 주님의 능력으로 무장되
는 믿음의 결론입니다. 결론적으로 가져야 할 우리의 믿음
은 주님의 영광을 위한 것입니다.

사도 바울은 빌립보서 4장 6-7절에서 권고합니다.

"아무것도 염려하지 말고 다만 모든 일에 기도와 간구로,
너희 구할 것을 감사함으로 하나님께 아뢰라 그리하면 모든
지각에 뛰어난 하나님의 평강이 그리스도 예수 안에서 너희
마음과 생각을 지키시리라"

아멘!

산상수훈 (23)

금식에 대하여

마태복음 6장 16-18절

"금식할 때에 너희는 외식하는 자들과 같이 슬픈 기색을 보이지 말라 그
들은 금식하는 것을 사람에게 보이려고 얼굴을 흉하게 하느니라 내가 진
실로 너희에게 이르노니 그들은 자기 상을 이미 받았느니라 너는 금식할
때에 머리에 기름을 바르고 얼굴을 씻으라 이는 금식하는 자로 사람에게
보이지 않고 오직 은밀한 중에 계신 네 아버지께 보이게 하려 함이라 은
밀한 중에 보시는 네 아버지께서 갚으시리라"(마 6:16-18).

주님은 마태복음 6장에서 신앙인들의 신앙행위에 있어서
지켜야 할 교훈을 주시고 계십니다. 즉 구제 사역에 대하
여(1-4절), 기도에 관하여(5-15절), 그리고 마태복음 6장
16-18절에서는 금식에 관하여 말씀하고 있습니다.

예수님 당시 유대인들은 모두 대속죄일(7월 10일)에 아
침부터 저녁까지 금식을 하게 되어 있었습니다(레 16:29-
31). 레위기에는 "이는 너희에게 안식일 중의 안식일인

즉 너희는 스스로 괴롭게 할지니"(레 16:31)라고 기록되어 있습니다. 서기관들이 만든 법에 의하면 그 날에는 신발(sandals)도 신지 않았으며, 음식, 물, 목욕, 기름을 바르는 것(anointing)이나 성생활도 금지하였다고 합니다.[1]

성경을 보면 이 외에도 금식한 경우가 많이 나옵니다. 바리새인들은 '이레에 두 번씩' 매 주일 월요일과 목요일에 금식했습니다(눅 18:12). 국가적으로 금식 기도한 예도 있습니다(삿 20:26). 모세는 시내산에서 여호와께서 이스라엘을 자신의 백성으로 삼으신 언약을 새롭게 하신 직후 금식했습니다(출 24:18). 다니엘은 금식하여 베옷을 입고 재를 덮어쓰고 기도하며 하나님께 구했습니다(단 9:2-3). 에스더 왕비도 목숨을 걸고 금식했습니다(에 4:16). 세례 요한의 제자들은 정기적으로 금식했습니다. 바울은 회심 후 3일 동안 먹지도 마시지도 않으면서 회개 기도했습니다(행 9:9). 안디옥 교회는 바울과 바나바를 선교 여행에 파송하기 전에 금식하며 기도했습니다(행 13:1-3).

예수님도 친히 광야에서 사십일 밤낮을 금식하셨습니다(마 4:1-2). 예수님은 요한의 제자들이 나아와 자신들과 바리새인들은 금식하는데 어찌하여 당신의 제자들은 금식하지 아니하냐고 하는 질문에 대해 답하시면서 "신랑을 빼앗

---

1) Barclay, 235.

길 날이 이르리니 그 때에는 나의 제자들이 금식할 것"이라고 말씀하셨습니다(마 9:14-15). 이는 우리가 금식하리라는 가정 하에 어떻게 금식할 것인지를 말씀하신 것이지, 금식을 금한 것은 아닙니다.

1. 그릇된 금식

그러면 왜 예수님은 그들의 금식을 책망하셨습니까? 당시의 유대 지도자들의 금식하는 동기와 자세가 잘못되었기 때문입니다. 금식이라는 것은, 하나님 앞에 가까이 나가는 시도요, 참회의 간절함을 나타내는 것입니다. 그리하여 때로는 다른 사람의 죄를 위해 대신 금식하며 기도하기도 했습니다. 그런데 그들의 실행의 동기는 그 본뜻과는 너무나 거리가 멀었습니다. 즉, 그들은 금식을 자기의 경건함을 과시하는 도구로 사용했던 것입니다. 그래서 장이 서는 날인 월요일과 목요일에 금식을 했던 것입니다. 그리고 파리한 모습으로 사람들 앞에서 '나는 금식하고 있다'고 자랑을 했던 것입니다. 이는 겸손한 자세가 아니라 영적 자만과 겉치레의 표현입니다. 이러한 금식은 하나님을 향한 것이 아니며 사람들에게서 이미 칭찬을 받은 것과 같습니다.[2]

---

2) Barclay, 237.

그리하여 주님께서 말씀하십니다. "금식할 때에 너희는 외식하는 자들과 같이 슬픈 기색을 보이지 말라 그들은 금식하는 것을 사람에게 보이려고 얼굴을 흉하게 하느니라 내가 진실로 너희에게 이르노니 그들은 자기 상을 이미 받았느니라"(마 6:16).

2. 올바른 금식

그러면 어떻게 금식을 하라는 것입니까? 이에 주님께서 17절과 18절에서 다음과 같이 말씀하십니다.

"너는 금식할 때에 머리에 기름을 바르고 얼굴을 씻으라 이는 금식하는 자로 사람에게 보이지 않고 오직 은밀한 중에 계신 네 아버지께 보이게 하려 함이라 은밀한 중에 보시는 네 아버지께서 갚으시리라"

금식할 때에 머리에 기름을 바르고 얼굴을 씻으라는 말씀이 뜻하는 바는 무엇입니까? 금식한다는 티를 내지 말라는 것입니다. 즉 머리를 빗고 세수를 하라는 것입니다. 그래서 금식하는 날에도 아무도 금식하는 것을 알아차리지 못하도록 평소처럼 지내라는 것입니다. 기도에서 그랬듯이, 금식도 은밀한 중에 계신 하나님 아버지께 보이는 금식을 해야 합니다. 금식이나 기도는 사람들이 보라고 하는 것이 아니며 하나님을 향한 것이 되어야 하는 것입니다.

그렇게 하면 어떻게 됩니까? 말씀에 이렇게 기록되어 있습니다. "은밀한 중에 보시는 네 아버지께서 갚으시리라"

3. 금식하는 이유

그러면 어떤 때에 금식을 하며, 금식을 하는 이유는 무엇입니까?

웨슬리 선생은 그 근거와 이유, 그리고 금식하는 방법에 대하여 그의 설교에서 다음과 같이 제시하고 있습니다.[3]

(1) 금식은 기도에 도움이 됩니다. 일정한 시간을 기도에만 전념하게 되기 때문입니다. 금식을 하면서 자연스럽게 먹고 마시는 일과 향락 같은 것을 멀리하고 기도에 전념하게 됩니다.

(2) 금식하며 회개함으로 하나님의 진노를 면하고, 축복을 얻게 됩니다(삼상 7:6, 9-10).

(3) 무슨 중대한 일을 하고자 할 때 하나님의 인도와 축복을 기대하며 금식합니다(행 13:2-3; 마 17:21 참조).

(4) 따라서 기도와 금식은 하나님이 지정하신 은혜의 수

_____
3) 웨슬리, 203-211, 216-220.

단(means of grace)입니다. 하나님의 축복을 받는 하나의 방법이기도 합니다(욜 2:12, 14-15, 18-19). 하나님께서는 자유롭게 역사하시지만, 은혜를 구하는 자들에게 은혜 주시는 수단을 정하시고 역사하십니다. 이런 의미에서 기도, 금식, 예배행위 등은 특별한 의미를 갖습니다.

4. 어떻게 금식을 해야 합니까?

금식은 주님께, 하나님께 하는 것입니다. 자신의 공로를 요구하는 금식이 되어서는 안 됩니다. 하나님의 자비와 은혜를 간구하는 금식 기도라야 합니다. 죄를 회개하며, 겸손한 자세와 빈손으로 하나님께 의존해야 합니다. 그러므로 그러한 기도는 남을 위한 중보의 기도로 확대되어 나가게 됩니다.

웨슬리는 다음과 같이 제안합니다.[4]
(1) 금식할 때 우리는 우리의 주의를 오직 주님께 고정시키고, 금식이 주님께 향한 것이 되도록 해야 합니다.
(2) 우리는 금식을 통하여 하나님께로부터 그 어떤 공로를 받으려고 생각하면 안 됩니다. 오로지 하나님의 자비를

---

4) 웨슬리, 216-220.

기다리며 기도해야 합니다.

(3) 금식과 함께 우리는 열렬한 기도를 드릴 것이며, 우리의 영혼 전체를 하나님께 쏟아 놓으며 우리의 죄와 부족함을 그 앞에 내어놓아야 합니다.

(4) 우리의 금식에는 구제하는 일을 첨가해야 합니다. 고넬료가 그랬듯이 우리의 힘을 따라 사람들의 육과 영을 위한 자비의 일들을 해야 합니다.

(5) 금식하되 우리의 육체적 힘에 알맞게 해야 합니다. 우리는 자신을 죽여서 하나님께 제물로 드리거나 우리의 영혼을 돕기 위하여 우리 육체를 멸망시켜서는 안 됩니다.

그리하여 교회는 여러 가지 형태의 금식을 시행하여 왔습니다. 예를 들면, 중단 없이 40일간 하는 금식, 하루 금식, 즉 아침부터 저녁까지만 금식하는 것, 반 날 금식, 곧 수요일과 금요일에 아침부터 오후 3시까지 공적 사역을 마칠 때까지 하는 금식이 있었습니다.

초대 기독교회에서는 주로 부활절 전 한 주간은 저녁까지 무거운 음식을 피하는 경건한 주를 보내기도 했습니다.

금식은 힘든 것이지만 은혜 생활에는 귀한 것입니다. 바클레이 박사는 지혜롭게 금식하는 것은 여러 측면에서 좋다고 하면서 몇 가지를 이야기했습니다.[5] 금식은 건강에 좋다고 했습니다. 또한 금식은 자아 훈련에 좋다고 했습니다. 특히 고질적인 자기 습관에서 벗어나는 훈련이 된다는 것입니다. 또한 사치스러운 생활에서 벗어나는 훈련이 됩니다. 금식을 하면 물질, 특히 음식에 대하여 감사하게 된다는 것입니다. 무엇보다도 하나님과의 깊은 교제인 기도를 위하여 금식은 유익한 것입니다. 우리는 기독교 역사에서 훌륭한 성도들은 거의 다 금식 기도의 경험이 있었던 것을 알고 있습니다.

우리 모두 옛 성도들과 같이 필요할 때 금식 기도함으로 하나님의 각별한 은혜를 체험하고, 신앙생활에 승리하시기를 바랍니다.

---

5) Barclay, 239-240.

재물에 대하여

마태복음 6장 19-24절

"너희를 위하여 보물을 땅에 쌓아 두지 말라 거기는 좀과 동록이 해하
며 도둑이 구멍을 뚫고 도둑질하느니라 오직 너희를 위하여 보물을 하
늘에 쌓아 두라 거기는 좀이나 동록이 해하지 못하며 도둑이 구멍을
뚫지도 못하고 도둑질도 못하느니라 네 보물 있는 그 곳에는 네 마음
도 있느니라 눈은 몸의 등불이니 그러므로 네 눈이 성하면 온 몸이 밝
을 것이요 눈이 나쁘면 온 몸이 어두울 것이니 그러므로 네게 있는 빛
이 어두우면 그 어둠이 얼마나 더하겠느냐 한 사람이 두 주인을 섬기지
못할 것이니 혹 이를 미워하고 저를 사랑하거나 혹 이를 중히 여기고
저를 경히 여김이라 너희가 하나님과 재물을 겸하여 섬기지 못하느니
라"(마 6:19-24).

사람들은 재물을 얻고 그것을 오래 간직하여 기쁨과 행복
을 누리고자 합니다.

그러면 어떤 것을 그리고 어떻게 보존해야 할까요? 어디
에 보물을 쌓아 두어야 오래오래 그 가치를 보존할 수 있는
것일까요? 또한 하늘에 보물을 쌓아두라고 하신 말씀은 무
슨 뜻입니까?

1. 땅 위에 보물을 쌓는 사람들

예수님 당시 사람들의 보물, 곧 부(富)의 척도는 세 가지를 소유하는 것이었습니다. 첫째는 좋은 옷(beautiful mantle)이요, 두 번째는 많은 곡식(corn and grain)을 소유하는 것이요, 세 번째는 그것을 잘 보관하는 창고를 갖는 것이었습니다.

(1) 좋은 옷

당시 좋은 옷을 소유하는 것은 부의 척도였습니다. 여호수아 7장 21절을 보면, 아간이 전쟁에서 노략한 물건 가운데 좋은 옷(아름다운 외투 한 벌)을 탐내어 가져와 감춤으로 큰 죄를 진 것을 볼 수 있습니다. 열왕기하 5장을 보면, 선지자 엘리사의 종 게하시가 나아만에게 두 벌의 옷을 요구한 것을 봅니다.

이처럼 당시 좋은 옷은 귀중품 가운데 하나였습니다. 그런데 사실 그런 옷을 오래 보관한다는 것은 어려운 일이었습니다. 좀이 먹기 때문입니다. 그러므로 그 아름다움을 지속한다는 것은 거의 불가능했습니다. 그처럼 한시적인 것에 의존하는 부나 가치는 불안한 것일 수밖에 없습니다.

(2) 많은 곡식

먹고 사는 데 필요한 그 이상의 곡식이 있는 것은 당시 부의 상징이었습니다. 사람들은 곡식을 창고에 쌓아 두고 기뻐하며 자랑스럽게 여겼습니다. 그렇지만 창고에서 쥐나 벌레가 곡식을 갉아 먹는 일이 많았기에 신선하고 질 좋은 곡식의 상태는 오래 유지될 수 없었습니다. 성경에 동록이 해한다는 말이 바로 그러한 뜻입니다.

(3) 창고

곡식이나 보화를 창고에 보관하여 둔다 하지만, 당시의 건물은 모두 흙을 구워 지었기 때문에 그리 견고하지 못했습니다. 도둑이 창고를 뚫고 들어가 보관되어 있는 것들을 훔쳐가는 일이 부지기수였습니다.

그러므로 이 땅 위에서 얻은 재물이나 보화를 가지고 영원한 부요를 추구할 수는 없으며, 그러한 유한한 물질에서 행복의 기초를 찾는 것은 현명하지 못한 것입니다.

2. 하늘에 보물을 쌓는 사람

그러기에 주님은 그러한 유한하고 불완전한 보화와 소유

물에 집착하지 말고 영원히 보장된 곳에 마음을 두며 그 곳에 보물을 쌓아 두라고 말씀하십니다.

3. 주님이 주시는 교훈

(1) 세상에서 부를 가졌다고 뽐내지 말아야 합니다(Be not high-minded).

불완전한 것에 인생을 의존하지 말라는 것입니다. 유한한 그것이 행복의 원천이라고 기대하지 말아야 합니다.

(2) 행복은 하나님께 구해야 합니다.

참 평안과 기쁨은 주님에게 의존하는 데서 오는 것입니다. 주님은 주님의 기쁨이 너희에게 머물러 너희 기쁨이 충만하기를 바란다고 하셨습니다(요 17:13, 15:11). 또 말씀하시기를, "평안을 너희에게 끼치노니 곧 나의 평안을 너희에게 주노라 내가 너희에게 주는 것은 세상이 주는 것과 같지 아니하니라 너희는 마음에 근심하지도 말고 두려워하지도 말라"(요 14:27)고 하셨습니다.

(3) 결국 인생은 종국에 가서 하나님 앞에서 상과 벌을 받게 되어 있음을 기억해야 합니다.

그러기에 우리는 이 땅에 있는 동안 우리의 삶을 하나님이 하시는 일에 투자하라는 말입니다. 하나님의 일은 소멸될 수 없습니다.[1] 그렇게 하려면 주님이 그랬듯이 우리는 다른 사람들의 유익에 자신을 내주어야 합니다. 곧 우리는 남에게 친절을 베푸는 일을 해야 합니다. 곧 남을 돕는 일을 해야 합니다.[2] 웨슬리는 돈을 많이 벌고 많이 저축하되, 남을 위하여 많이 사용하라고 했습니다.

도와주는 것, 이것이 기독교가 가르치는 교훈입니다. 하나님의 사랑을 받았기에 우리도 남을 도와야 합니다. 특히 고아, 그리고 어려운 노인들을 돌봐야 합니다. 교회는 그리하여 초대교회 시대부터 사랑의 봉사를 해 왔습니다.

로마 제국이 교회를 박해하던 시절, 한번은 로마의 관원이 교회의 보물을 훔치려고 쳐들어 왔다고 합니다. 그리고 막무가내로 교회에 있던 집사에게 보물을 보여 달라고 했습니다. 집사는 창문을 활짝 열고는 교회가 돌보고 있는 많은 고아들을 보여주었습니다. 그리고 그것이 교회가 가지고 있는 보화라고 말했다고 합니다. 영원히 남는 보람과 행복은 사랑을 베풀며 남을 봉사하는 데 있습니다.

---

1) 윌라드, 321.
2) Barclay, 243.

영국 웨일즈 지방의 아주 깊은 산골에 사는 한 소년이 병으로 사경을 헤매게 되었습니다. 이 소년은 어머니와 단 둘이 살고 있었기에 그 어머니의 걱정은 이루 말할 수 없었습니다. 돈도 없었을 뿐만 아니라 집 부근에는 병원도 없었습니다. 걱정을 하다가 용기를 내어 5마일이나 되는 거리를 빗속을 뚫고 병원으로 달려가 의사를 붙들고 사정했습니다. 고민하던 의사는 마지못해 빗속을 달려가 그 아이를 치료해 주었습니다. 다행스럽게도 치료 결과가 좋았고 아이는 회복되었습니다. 그러나 그 후 의사는 그 일을 잊어버렸습니다.

수십 년이 지난 어느 날, 영국이 낳은 유명한 정치인 로이드 존 경이 재무장관이 되어 축하연을 하던 날이었습니다. 초대를 받고 그 자리에 참석한 의사는 축하연의 주인공인 재무장관이 그 옛날 자기가 치료해주었던 그 소년이라는 이야기를 듣고는 깜짝 놀랐습니다. 그 당시 어쩔 수 없이 왕진하여 치료했던 그 소년이 회복되어 훗날 한 나라의 재무장관이 되는 결과에 이르게 될 줄이야 상상이나 했겠습니까?

우리의 작은 선행이 뜻밖의 결과로 나타날 때가 있습니다. 작은 일이지만 바라는 바 없이 베푸는 일에 값진 열매가 있을 것입니다.

두 번째로, 하늘에 쌓는 보화는, 바클레이 박사의 말에 의하면, 인격 곧 하나님께 용납된 깨끗한 인격 그 자체입니다.[3] 우리 모두, 그리스도의 보혈로 씻음 받은 정직한 사람 되기를 힘써야 하겠습니다.

4. 맺는 말

(1) 늘 가장 귀한 것이 무엇인가를 생각하면서, 이 땅 위의 재물을 쌓는 데 욕심을 갖지 말고 하나님이 인정하는 귀한 일에 우선순위를 두어야 합니다.

주님은 보물이 있는 곳에 마음도 있다고 하시면서, 마태복음 6장 22-23절에서 예를 드십니다. "눈은 몸의 등불이니 그러므로 네 눈이 성하면 온 몸이 밝을 것이요 눈이 나쁘면 온 몸이 어두울 것이니 그러므로 네게 있는 빛이 어두우면 그 어둠이 얼마나 더하겠느냐"

이는 무슨 뜻입니까?

웨슬리의 설명에 의하면, 여기에 눈은 마음의 눈 곧 인간의 의도와 의지를 말하는 것으로 이는 영혼과도 같습니다. "눈이 성하면" 의지가 하나님께만 고정되어 있어, 온 몸이 밝을 것이라는 것입니다. 즉 몸이 눈에 의하여 행동이 정해

---

3) Barclay, 244.

지는 것처럼, 온 몸이 하나님께 고정된 그 의지에 의하여 행동하게 될 것입니다. 이것이 곧 예수님이 말씀하시는 빛의 역학이요 내용입니다. 그리하여 우리는 그의 빛에 의하여 가르침을 받을 것입니다. 그러나 "눈이 나쁘면" 의지가 이 세상에만 속해 있어, 하는 일이 어두워지고 말 것이라는 의미입니다.[4]

(2) 하나님과 돈을 함께 섬길 수 없습니다.

하나님과 돈을 함께 섬길 수 없다는 것입니다. 주님은 말씀하십니다.

"한 사람이 두 주인을 섬기지 못할 것이니 혹 이를 미워하고 저를 사랑하거나 혹 이를 중히 여기고 저를 경히 여김이라 너희가 하나님과 재물을 겸하여 섬기지 못하느니라"(마 6:24).

주님은 여기서, 두 개의 시각에서 하나를 선택하는 것의 배후에는 두 주인 중 하나를 선택하는 기본적인 선택이 있다고 생각하시는 것입니다. 살아계신 창조주 하나님과 우리가 만든 피조물 중에 하나만을 선택하는 것을 의미합니다. 그래서 하나님과 재물, 모두에게 충성을 바치는 일은 있을 수 없습니다. 하나님은 단지 그분이 하나님이시며, 하

---

4) 웨슬리, 223.

나님은 전적으로 그 분에게만 전념해야 섬길 수 있기 때문입니다. 하나님 대신 우리가 만든 보화에 충성을 바치는 것은 이미 우상 숭배를 택한 것이 되고 맙니다.[5] 십계명의 첫 계명에 "너는 나 외에는 다른 신들을 네게 두지 말라"(출 20:3)고 했습니다. 또 "나는 여호와이니 이는 내 이름이라 나는 내 영광을 다른 자에게, 내 찬송을 우상에게 주지 아니하리라"(사 42:8)고 하셨습니다.

그러므로 하나님과 재물을 동시에 보물로 삼아 섬긴다는 것은 있을 수 없습니다. 하나님만 전적으로 섬기는 모두가 되시기를 바랍니다.

---

5) 스토트, 220-221.

산상수훈 (25)

염려하지 말라

마태복음 6장 25-34절

"그러므로 내가 너희에게 이르노니 목숨을 위하여 무엇을 먹을까 무엇을 마실까 몸을 위하여 무엇을 입을까 염려하지 말라 목숨이 음식보다 중하지 아니하며 몸이 의복보다 중하지 아니하냐 공중의 새를 보라 심지도 않고 거두지도 않고 창고에 모아들이지도 아니하되 너희 하늘 아버지께서 기르시나니 너희는 이것들보다 귀하지 아니하냐 너희 중에 누가 염려함으로 그 키를 한 자라도 더할 수 있겠느냐 또 너희가 어찌 의복을 위하여 염려하느냐 들의 백합화가 어떻게 자라는가 생각하여 보라 수고도 아니하고 길쌈도 아니하느니라 그러나 내가 너희에게 말하노니 솔로몬의 모든 영광으로도 입은 것이 이 꽃 하나만 같지 못하였느니라 오늘 있다가 내일 아궁이에 던져지는 들풀도 하나님이 이렇게 입히시거든 하물며 너희일까보냐 믿음이 작은 자들아 그러므로 염려하여 이르기를 무엇을 먹을까 무엇을 마실까 무엇을 입을까 하지 말라 이는 다 이방인들이 구하는 것이라 너희 하늘 아버지께서 이 모든 것이 너희에게 있어야 할 줄을 아시느니라 그런즉 너희는 먼저 그의 나라와 그의 의를 구하라 그리하면 이 모든 것을 너희에게 더하시리라 그러므로 내일 일을 위하여 염려하지 말라 내일 일은 내일이 염려할 것이요 한 날의 괴로움은 그 날로 족하니라"(마 6:25-34).

앞서 마태복음 6장 19-24절에서 예수님은 땅에 보물을 쌓고 비축하며 사는 삶의 어리석음을 말씀하셨고, 여기 본문에서는 이것들에 대한 우리의 염려와 근심에 대하여 말씀하고 계십니다.

주님은 앞에서 그랬듯이, 하나님의 자녀라면 먹을 것과 마시는 것, 그리고 입는 일, 곧 생존에 관하여 염려하거나 근심하지 말아야 할 것에 대해 그저 명령만 하시는 것이 아니라 이성적으로 이치를 논하고 계십니다.

그래서 주님은 "그러므로"란 말씀으로 시작하십니다.

"그러므로 내가 너희에게 이르노니 목숨을 위하여 무엇을 먹을까 무엇을 마실까 몸을 위하여 무엇을 입을까 염려하지 말라 목숨이 음식보다 중하지 아니하며 몸이 의복보다 중하지 아니하냐"(마 6:25).

또 31절에서 "그러므로 염려하여 이르기를 무엇을 먹을까 무엇을 마실까 무엇을 입을까 하지 말라"고 하셨습니다.

그런 다음에 34절에서 "그러므로 내일 일을 위하여 염려하지 말라 내일 일은 내일이 염려할 것이요 한 날의 괴로움은 그 날로 족하니라"고 하셨습니다.

1. 염려하지 말라

"목숨을 위하여 무엇을 먹을까 무엇을 마실까 몸을 위하여 무엇을 입을까 염려하지 말라"고 주님은 말씀하십니다. 이는 우리가 모든 불우한 일을 면하게 될 것이라는 뜻이 아닙니다. "한 날의 괴로움은 그 날로 족하니라"(34절)고 하신 말씀처럼 우리의 삶에 괴로움은 있을 것입니다. 그러나 염려가 없는 것과 괴로움이 없는 것은 다릅니다. 그러기에 주님의 말씀은 괴로움이 없을 것이라고 보장하시는 것이 아니라, 그럼에도 불구하고 염려하지 말라는 명령입니다. 왜냐하면 하나님은 우리 아버지시며, 심지어 허용된 고난도 그분의 돌보심의 범위 안에 있기 때문입니다(욥 2:10; 롬 8:28 참조).

주님은 그렇게 당부한 다음에 염려하지 말아야 할 이유를 말씀하십니다. "목숨이 음식보다 중하지 아니하며 몸이 의복보다 중하지 아니하냐" 즉 근심하기 전에 이것을 생각해 보라고 하시는 것입니다. 주님은 "너희가 근심하고 염려하는 너희 생명을 생각해 보라. 너희 생명은 하나님이 주신 선물이다. 생명을 선물로 주신 하나님이 이 생명을 유지하고 지탱하기 위해 음식을 공급하지 않겠느냐? 공중의 새를 보라. 새들이 먹이를 찾아야 하지만, 하나님이 새들을 위하여 먹이가 그곳에 있도록 마련하시지 않느냐? 하물며 너희 목숨을 위하여 하나님이 그리 하시지 않겠느냐?"라고 반문하시는 셈입니다.

우리 목숨이 하나님의 선물이라는 올바른 생각과 확신을 가진다면, 동시에 하나님이 우리에게 생명을 주신 목적이 성취될 것이라고 우리는 믿게 됩니다.

하나님께서 우리에게 생명을 주시고 목적하신 것을 하나님은 성취하실 것입니다. 우리의 생명은 하나님의 손에 있습니다. 우리는 하나님의 자녀입니다.

주님의 말씀을 따라 그런 근심과 염려는 하지 않기를 바랍니다.

(1) 공중의 새를 보라.

주님은 공중의 새를 예로 드시면서 이 세상에서의 우리의 생존과 존속, 그리고 우리 생명의 유지 문제를 말씀하고 계십니다. "공중의 새를 보라 심지도 않고 거두지도 않고 창고에 모아들이지도 아니하되 너희 하늘 아버지께서 기르시나니 너희는 이것들보다 귀하지 아니하냐"(26절).

즉 하나님께서 그에게 오직 일반섭리로만 관계되어 있는 저 새들도 그렇게 돌보시는데, 우리의 아버지이신 그가 우리를 돌보심은 더 극진하지 않겠느냐는 논리입니다. 주님은 여기서 하나님이 우리의 아버지 되심을 상기시키는 것입니다. 하나님은 우리에게 창조주만 되시는 것이 아니라 그리스도 안에서 우리 하나님이요, 아버지이십니다. 이 사실을 믿음으로 확신하게 될 때, 근심과 염려는 사라지는 것입니다. 이것이 주님이 자연에 대한 대략적인 관찰에서 도출해 내신 첫 번째 추론입니다.

주님은 더 나아가 우리가 근심과 염려를 하여도 아무 도움이 되지 않는다는 것, 즉 소용없다는 것(useless)을 27절에서 강하게 지적하십니다. "너희 중에 누가 염려함으로 그 키를 한 자라도 더할 수 있겠느냐"

여기에서 말씀하시는 '키'가 무엇을 의미하는 것입니까? 어떤 학자들은 높이를 말한다고 합니다. 그러나 '키'란 말은 헬라어에서 생명의 길이를 의미하기도 합니다.[1] 본문에서 키를 '한 자'라도 더하겠느냐 하셨는데, '한 자'는 18인치 즉 45.72 센티미터입니다. 그렇다면 여기서 '키'가 높이를 말하는 것일 수가 없습니다. 생명을 말한다고 봐야 할 것입니다. 다시 말하면, 주님은 "염려함으로 생명의 길이를 한 순간이라도 연장할 수 있는 자가 너희 중에 과연 있겠느냐?"

---

1) 로이드 존스(하), 151.

라고 말씀하시는 셈입니다. 그렇습니다. 생명은 하나님으로부터 오는 것이며, 하나님이 그 종말을 결정하십니다. 우리의 할 일은 씨를 뿌리고, 추수하여 곳간에 거두는 일일뿐 그 나머지는 하나님의 손에 있음을 기억해야 합니다. 그러므로 근심과 염려는 쓸데없는 것이라는 말씀입니다.

(2) 들의 백합화를 보라.

주님은 두 번째로 본문 28-29절에서 "또 너희가 어찌 의복을 위하여 염려하느냐 들의 백합화가 어떻게 자라는가 생각하여 보라 수고도 아니하고 길쌈도 아니하느니라 그러나 내가 너희에게 말하노니 솔로몬의 모든 영광으로도 입은 것이 이 꽃 하나만 같지 못하였느니라"고 하시면서 몸과 의복의 문제를 말씀하십니다. "백합화와 같은 들풀도 하나님이 이렇게 입히시거든 하물며 너희일까보냐"(30절)라고 하신 말씀을 보십시오. 이 얼마나 강력한 논증입니까?

이런 논리를 펴신 다음에 주님은 말씀하십니다. "믿음이 작은 자들아 그러므로 염려하여 이르기를 무엇을 먹을까 무엇을 마실까 무엇을 입을까 하지 말라 이는 다 이방인들이 구하는 것이라"(30-32절).

"(너희는 기억하라 하나님이 너희 아버지시니라) 너희 하늘 아버지께서 이 모든 것이 너희에게 있어야 할 줄을 아시느니라"(32절)라고 하시며 우리를 상기시키십니다.

(3) 염려는 참 신앙과 양립할 수 없습니다.

주님의 논증은 명확합니다. 주님의 말씀에 따르면 우리는 염려와 근심을 할 필요가 없습니다. 근심하고 염려할 근거도 없습니다. 그럼에도 불구하고 우리는 염려하고 근심합니다. 왜 그렇습니까? 그것은 결국 우리의 믿음이 작은 까닭입니다. 주님이 "믿음이 작은 자들아"라고 말씀하신 것이 바로 그것입니다. 주님은 그것이 문제의 궁극적 원인이라고 말하는 것입니다. 그러므로 문제 해결을 위해서는 우리의 믿음을 더 굳건히 해야 합니다.

그러면 주님께서 믿음이 작은 자들이라고 하신 의미는 무엇입니까? 그것은 믿음이 없다는 것이 아닙니다. 믿음이 작다고 꾸짖으신 것입니다. 즉 불충분한 믿음을 말씀하신 것입니다. 충분한 믿음이 없음을 꾸짖으신 것입니다.

여기에서 말하는 작은 믿음은, 믿음으로 구원을 받았다는 구원의 믿음(saving faith)만 가지고 있을 뿐 그 안에 머물러 멈춰 있는 믿음입니다. 이는 우리의 영혼 구원의 문제에만 국한되고 그 이상 나아가지 못하는 믿음입니다. 생활 전체와 삶의 모든 국면으로 확대되지 않고 주로 생활의 한 국면에만 국한된 믿음입니다.[2] 그 결과 공격해 오는 걱정과 염려와 근심에 굴복하여, 일상생활에서 종종 패배를 당하게 됩니다. 그 결과 일상생활에서는 비기독인과 별로 차이점을 찾을 수 없습니다.

그러나 성경 특히 히브리서 11장을 보면, 참된 믿음은 생활 전체에까지 확대되고 있는 것을 확인하게 됩니다. 그들은 불변한 하나님의 목적을 이해하였고, 또한 하나님이 자기들의 아버지로서 함께 하시며 돌보심을 믿고 살았습니다. 우리는 하나님의 자녀 됨을 인식하고 살아야 합니다. 우리에게 무슨 일이 일어나든지 자기 아들을 아낌없이 우리 모든 사람을 위하여 내주신 그 분이 어찌 그와 함께 모든 것을 우리에게 은혜로 주시지 않겠습니까.

사도 바울은 말합니다. "하나님이 택하신 자들을 누가 감히 고발하겠느냐"(롬 8:32-33). 이러한 확신에서 자신을 하나님의 자녀로 보며, 하나님의 사랑, 하나님의 능력, 하나님의 약속을 믿고, 그 믿음을 생활 전체에 활용해야 합니다. 그러할 때 염려와 근심은 사라집니다.

여러분! 믿음을 갖고 있다고 말하는 것만으로는 충분하지 않습니다. 삶에 우리의 믿음을 적용해야 합니다. 구원과 관련된 이 놀라운 믿음을 갖고서도 일상생활의 시련에 부딪칠

2) 로이드 존스(하), 159.

때에 훌쩍거리고 울부짖는 것은 빈약한 유형의 기독교인입니다. 우리는 믿음을 적용해야 합니다.

기독교인은 염려할 권리가 없습니다. 그가 만일 염려한다면 작은 믿음의 사람이 되어 자기를 정죄할 뿐 아니라 자기 하나님을 욕되게 하고 복되신 주님께 불충성하는 것이 됩니다. 믿음을 발휘하십시오. 주님께서 명령하십니다.[3] "염려하지 말라!"

2. 하나님의 나라와 그의 의를 먼저 구하라

그리고 주님은 이어서 작은 믿음에 대한 적극적인 접근 방법을 제시하십니다. 곧 이방인들이 그저 무엇을 먹을까 무엇을 마실까 무엇을 입을까만 염려하며 그들의 야망이 물질적인 필요에 초점이 맞춰져 있는데 반하여, 그리스도인은 영적인 가치들을 추구하며 하나님 아버지와의 관계를 염려하고 그것에 집중해야 한다고 말씀하십니다. 즉 너희는 먼저 하나님의 나라와 그의 의를 구하는 일에 우선순위를 두라고 하십니다. 우리의 필요한 것을 다 아시는 하나님께서 "그리하면 이 모든 것을 너희에게 더하시리라"(33절)고 하셨습니다. 그러므로 염려는 사라지게 될 것입니다.

---

3) 로이드 존스(하), 170.

하나님의 나라는 곧 하나님의 통치를 의미하는데, 이는 누구든지 자신이 회개하고 믿고 거듭날 때 그 사람의 삶에서 시작됩니다. 따라서 하나님의 나라는 예수 그리스도가 의식적으로 인정되는 곳에만 존재합니다. 그러므로 우리는 주님의 분부에 최우선적으로 순종하고 살아야 합니다.

"먼저 구하라"는 것은 우선 예수를 구주로 모시고 예수 그리스도의 통치를 전파하는 것을 가장 중요하게 바라는 것이라고 스토트는 말합니다.[4] 이 일은 그리스도인 자신으로부터 시작하여 우리 삶의 모든 부분 하나 하나가 기쁘고 자유롭게 그리스도께 복종할 때까지 나가야 하며, 교회가 세계에 복음을 전하는 일에서 또한 뻗어 나가야 합니다. 이것에 궁극적으로는 하나님의 영광과 그리스도의 영광이 걸려 있기 때문입니다. 우리는 그분의 이름이 사람들에게 합당한 영광 받기를 열렬히 바라야 합니다.[5]

그러기 위하여 우리는 하나님의 나라와 동시에 그의 의를 구해야 합니다. 존스는 말하기를 그의 의를 구한다는 것은 곧 성결과 의를 구하는 것이라고 했습니다. 즉 그리스도와 같이 되기를 구하며, 더욱 더 성결케 되기를 구하며, 은혜와 주님을 아는 지식에까지 자라야 합니다. 이것이 우리의

---

4) 스토트, 240.
5) 위의 책.

믿음을 증대시키는 방법입니다. [6)]

3. 내일 일을 위하여 염려하지 말라 (34절)

염려는 우리에게서 물러나지 않고 또 찾아옵니다. 로이드 존스는 "염려는 하나의 뚜렷한 실체요 힘이요 세력"이라고 묘사했습니다. [7)] 그처럼 염려는 사람에게서 물러서려 하지 않습니다. 그러므로 사람은 또 미래에 대하여 염려합니다. 여기에 주님은 "그러므로 내일 일을 위하여 염려하지 말라 내일 일은 내일이 염려할 것이요 한 날의 괴로움은 그 날로 족하니라"(34절)고 말씀하십니다.

"그러므로" 즉 지금까지 주님께서 가르치신 말씀을 근거로, 너희는 당연히 내일 일을 위하여 염려하지 않아야 한다는 교훈입니다. 그러면서 주님은 내일 일을 염려하는 것이 어리석다는 것을 추가로 지적하십니다. "내일 일은 내일이 염려할 것이요 한 날의 괴로움은 그 날로 족하니라"

우리는 하루하루 살아가는 법을 배워야 합니다. 물론 내일을 위한 계획을 세워야 하지만, 내일에 대한 염려는 하지

6) 로이드 존스(하), 182.
7) 로이드 존스(하), 186.

말아야 합니다. 내일을 위한 염려가 아무런 가치도 없다는 것입니다. 왜냐하면 아무리 내일을 위하여 염려하더라도 이것이 내일의 일을 결정짓는데 아무런 영향을 끼치지 못하기 때문입니다. 내일을 위한 염려는 에너지의 낭비일 뿐입니다. 내일 일은 내일이 할 것인데 왜 중복되게 두 번 염려하느냐는 말입니다.

더 나아가 우리는 오늘 우리를 도우시는 하나님 아버지는 내일도 같은 하나님이 되시며 내일도 우리를 도우시리라는 것을 믿어야 합니다. 그러할 때 내일에 대한 우리들의 염려는 사라집니다.

우리들의 약점은 우리가 하나님은 대체로 믿기는 하면서도 삶의 어떤 특수 분야에서는 하나님을 믿지 않는 데 있습니다. 그래서 쓸데없이 염려하는 경우가 많습니다. 우리는 사건들이 일어날 때마다 그것을 하나님께 가져가는 법을 배워야 합니다.[8] 미래를 하나님께 일임하십시오. 하나님께서 여러분보다 항상 앞서 가심을 확신하는 가운데 미래를 전적으로 하나님께 일임하십시오. 그 때 여러분의 내일에 대한 염려는 사라질 것입니다.[9]

---

8) 로이드 존스, 위의 책, 191.
9) 로이드 존스, 위의 책, 193.

산상수훈 (26)

그리스도인이 취할 태도 - 황금률

마태복음 7장 1-12절

"비판을 받지 아니하려거든 비판하지 말라 너희가 비판하는 그 비판
으로 너희가 비판을 받을 것이요 너희가 헤아리는 그 헤아림으로 너희
가 헤아림을 받을 것이니라 어찌하여 형제의 눈 속에 있는 티는 보고
네 눈 속에 있는 들보는 깨닫지 못하느냐 보라 네 눈 속에 들보가 있
는데 어찌하여 형제에게 말하기를 나로 네 눈 속에 있는 티를 빼게 하
라 하겠느냐 외식하는 자여 먼저 네 눈 속에서 들보를 빼어라 그 후에
야 밝히 보고 형제의 눈 속에서 티를 빼리라 거룩한 것을 개에게 주지
말며 너희 진주를 돼지 앞에 던지지 말라 그들이 그것을 발로 밟고 돌
이켜 너희를 찢어 상하게 할까 염려하라 구하라 그리하면 너희에게 주
실 것이요 찾으라 그리하면 찾아낼 것이요 문을 두드리라 그리하면 너
희에게 열릴 것이니 구하는 이마다 받을 것이요 찾는 이는 찾아낼 것이
요 두드리는 이에게는 열릴 것이니라 너희 중에 누가 아들이 떡을 달라
하는데 돌을 주며 생선을 달라 하는데 뱀을 줄 사람이 있겠느냐 너희가
악한 자라도 좋은 것으로 자식에게 줄 줄 알거든 하물며 하늘에 계신
너희 아버지께서 구하는 자에게 좋은 것으로 주시지 않겠느냐 그러므
로 무엇이든지 남에게 대접을 받고자 하는 대로 너희도 남을 대접하라
이것이 율법이요 선지자니라"(마 7:1-12).

주님의 산상수훈은 7장으로 마감됩니다. 주님께서는 5장에서 참 종교, 즉 내적 종교의 성격에 대하여 말씀하시고, 6장에서는 신자의 외적 행동에서 지켜야 할 바른 동기와 의도(right intention), 즉 하나님께 용납될 수 있는 선한 행위에 대하여 말씀하시고, 이제 7장에 와서는 바른 신앙생활에서 다른 이와의 관계, 또는 거기에서 오는 장애물이 어떤 것인가를 말씀하시면서, 그것을 극복할 것을 권고하심으로 산상수훈을 마감합니다.

본문에서는 다음과 같이 말씀하십니다.

(1) 우리 형제에게: 비판하지 말라(1-5절).

(2) 개와 돼지라고 불리는 집단에게: 복음을 전하지 말라 (6절).

(3) 하늘에 계신 우리 아버지께: 기도 가운데 그분께 나오라(7-11절).

(4) 모든 사람에게: 황금률이 지침이 되어야 한다(12절).

1. 그리스도인은 비판자가 되어서는 안 됩니다.

"남을 비판하지 말라." 여기에서 비판한다는 말은 그냥 비판한다는 뜻이 아닙니다. 어찌 우리가 타인에 대하여 말하는 일이 없을 수 있겠습니까? 여기서 주님이 "비판하지 말라"고 하시는 말씀은 다른 사람들과 관련하여 그들의 잘못을 눈 감아 주며, 진리와 오류, 선과 악 사이를 분별하는 비판을 거부하라는 의미가 아닙니다. 하나님의 형상으로 지음을 받은 인간은 가치 판단의 능력이 있고 그것을 적당히 사용하게 되어 있습니다. 산상수훈에 나오는 주님의 가르침 중 많은 부분이 우리가 비판적 능력을 사용한다는 가정에 기초하고 있습니다.

그래서 주님은 다른 사람들을 비판하지 말라고 명령하신 직후에, 거룩한 것을 개에게 주지 말라(마 7:6), 거짓 선지자들을 삼가라(마 7:15)고 말씀하고 계십니다. 이 명령들은 우리가 비판적 판단력을 사용하지 않고는 순종할 수 없는 것들이 아닙니까? 거짓 선지자가 누구인지를 알려면 비판적 분별력을 발휘해야만 하지 않습니까?

그러면 주님께서 다른 사람을 비판하지 말라는 말씀은 어떤 의미입니까? 한마디로 검열관처럼 가혹하게 판단하지 말라는 의미입니다. 트집을 잡으려는 비판, 또는 복수하려는 의도로 비판하지 말라는 것입니다. 마치 자기가 최후 심판자이신 하나님이나 된 것처럼 남을 정죄하지 말라는 의미입니다. 우리는 오류를 범할 수 있는 인간이며 하나님이 아닙니다. 우리는 모두 타락한 죄인입니다. 그러므로 우리는 다른 죄인들을 판단할 재판관이 될 자격이 없습니다. 우리는 재판관이 아닐 뿐 아니라 오히려 비판받을만한 사람 가운데 한 사람일지도 모릅니다. 우리가 감히 다른 사람들을 비판한다면 우리 자신은 더 엄격하게 비판을 받을 것입니다.

이에 대해 주님은 "너희가 비판하는 그 비판으로 너희가 비판을 받을 것이요 너희가 헤아리는 그 헤아림으로 너희가 헤아림을 받을 것"(2절)이라고 말씀하십니다. 다른 사람을 심판하는 재판관의 입장에서가 아니라, 자신도 심판을 받을 사람의 자세에서 남을 대해야 한다는 것입니다. 그러므로 비판하지 말라는 명령은, 자신을 객관적으로 제시함으로 하나님이 되려는 주제넘은 야망을 포기하고 다른 사람에게 관대하라는 요청입니다.[1] 우리는 함부로 남을 정죄해서는 안 됩니다.

우리는 남의 의도를 오해할 때가 많습니다. 저 자신도 크게 실수한 적이 있습니다. 미국에서 자동차를 운전하고 가는데 옆에 지나가는 차에 탄 백인이 창문으로 손을 내밀고 흔들면서 소리를 지르는 것이었습니다. 저는 그가 나에

---

1) 스토트, 251-252.

게 욕을 하는 줄로 생각하고 매우 불쾌하게 생각했었습니다. 그런데 나중에 알고 보니까 그는 나의 자동차의 뒷문이 열려있는 것을 보고 이를 알려주려고 손짓을 한 것이었습니다. 그것을 안 순간 저는 남을 오해하고 미워하는 마음을 가졌던 것을 바로 회개했습니다.

2. 그리스도인은 위선자가 되어서는 안 됩니다.

"외식하는 자여, 남의 눈에 있는 티를 탓하는가?" 주님은 다른 사람을 비판하는 사람들을 향하여, 어찌하여 형제의 눈 속에 있는 티를 보면서 자기 눈에 있는 들보는 깨닫지 못하느냐라고 책망하십니다(마 7:5). 널빤지와 같은 들보를 눈앞에 놓고 어떻게 친구의 눈에 있는 티, 즉 아주 작은 티끌을 제거하라고 하겠습니까? 이는 엄청나게 우스꽝스러운 상황이 아닐 수 없습니다.

그러나 이것이 당시의 바리새인의 악습이었습니다. 그들은 다른 사람을 비판하였습니다. 그들은 다른 사람들을 비방하면서 자신들을 높이는 것으로 자기들의 도덕성을 획득하려고 하였습니다. 그러기에 주님은 그들을 향하여 외식하는 자, 위선자라고 책망하신 것입니다. 죄인인 우리 모두에게는 이러한 성향이 있습니다. 다른 사람들의 잘못은 과장하고 자신들의 잘못은 과소평가하는 경향이 있습니다. 그것이 얼마나 어리석은 일인지를 인식하고, 그렇게 하지 말아야 합니다.

주님은 이어서 말씀하십니다. "외식하는 자여 먼저 네 눈속에서 들보를 빼어라 그 후에야 밝히 보고 형제의 눈 속에서 티를 빼리라"(5절). 이는 무슨 의미입니까? 주님이 위에서 지적하셨듯이 우리가 검열관 같은 행동을 하는 것과 외식하는 행위를 금하셨지만, 그렇다고 서로의 형제로서 책임을 갖지 않아도 된다는 것은 아닙니다. 우리는 형제의 눈속에서 티를 빼어주어야 할 책임이 있습니다. 주님은 그것을 전제하고 말씀하시는 것 같습니다.

그렇게 하기 위해서는 너희가 먼저 네 눈에 있는 들보를 빼어야 그 결과 밝은 시력으로 형제의 눈에서 티를 빼낼 수 있다는 것입니다. 즉 주님은 형제를 바로 잡고자 하는 것을 정죄하시는 것이 아니라, 먼저 자신을 바로잡지 않고 다른 사람을 바로 잡으려는 것을 정죄하시는 것입니다. 우리는 다른 사람들에 대한 태도와 행동에 있어서 가혹한 재판관이 되어서는 안 되고, 다른 사람을 비난하는 위선자가 되어서도 안 되며, 다른 사람을 도와주는 형제가 되어 다른 사람들을 돕고자 애써야 합니다. 그러기 위해서는 먼저 자기 자신을

바로 잡고 그 다음에 다른 사람을 돕고자 힘써야 합니다.[2]

3. 그리스도인은 영적 판단과 분별을 해야 합니다.

그리스도인은 개와 돼지 같은 사람에게는 어떻게 해야 합니까?

어떤 이들은 본문에서 말하는 "거룩한 것"은 구원받은 자신을 의미하는 것으로, 자신을 개와 같이 음란한 것과 정조 없는 일에 빠뜨리지 말라는 것이며, 진주같이 귀한 자신을 욕심에 빠지지 말도록 하라는 것으로 해석합니다. 그러나 대부분의 학자들은 그렇게 해석하기에는 무리라고 생각합니다.

본문의 문맥에서 볼 때, 주님은 다른 사람을 정죄하는 의미로 비판하지 말라고 명령하셨습니다. 그리고 너의 눈 속에 있는 들보를 빼고 형제의 눈 속에 있는 티를 빼라고 하셨습니다. 그런 다음에 갑자기 "거룩한 것을 개에게 주지 말며 너의 진주를 돼지 앞에 던지지 말라"고 하셨습니다. 얼핏 보면 전후 문맥의 조리가 맞지 않는 듯하나, 깊이 생각하면 주님이 중요한 것을 첨부하여 말씀하셨다는 것을 깨닫게 됩니다. 즉 단지 정죄하는 의미로 남을 비판하지 않는

2) 스토트, 255.

선에서 멈춰서는 안 된다고 주의를 주시는 것입니다. 비판을 하지 않으려는 생각 때문에, 영적 판단 없이 행동하는 과오를 범하여서는 안 된다는 것입니다. 진리를 제시함에 있어서 영적 판단을 가지고 매우 신중해야 한다는 것입니다.

주님은 말씀하십니다. "거룩한 것을 개에게 주지 말며 너희 진주를 돼지 앞에 던지지 말라 그들이 그것을 발로 밟고 돌이켜 너희를 찢어 상하게 할까 염려하라"(6절). 곧 진리를 전한다고 하여 오히려 해를 보는 경우가 있다는 것입니다. 주님은 안티파스를 '여우'라고, 위선적인 바리새인들을 '독사의 새끼'라고 부르셨습니다(눅 13:32; 마 23:27, 33). 이와 비슷한 문맥에서 주님은 짐승처럼 행동하는 사람들을 지적하여 개와 돼지라고 불렀다고 생각됩니다.

세상에는 개나 돼지와 같이 사람보다 짐승에 가까운 행동을 하는 사람들이 있습니다. 그들은 복된 소식을 듣고 받을 기회가 있었지만 단호히 반항적으로 그것을 거부하는 사람들입니다. 사실 그런 사람들에게 복음을 제시하면서 계속 주장하면 그들은 경멸과 심지어 신성모독의 태도를 보이며 복음을 거부할 것입니다. 그러므로 영적 분별력을 가지고 복음을 전하라는 교훈입니다.

예수님도 열두 제자를 선교 여행으로 보내기 전 그들에게 동일한 원리를 적용하셨습니다. "어떤 사람들은 너희를 영접하겠지만, 어떤 사람은 너희를 영접하지 않을 것이다."라고 말씀하시고는, 이어서 "누구든지 너희를 영접하지도 아니하고 너희 말을 듣지도 아니하거든 그 집이나 성에서 나가 너희 발의 먼지를 떨어 버리라"(마 10:14; 눅 10:10-11)고 말씀하셨습니다.

사도 바울도 그의 선교사역에서 이 원리를 따랐습니다. 유대인들이 성의 지도자들을 선동해서 그들을 쫓아낼 때, "두 사람이 그들을 향하여 발의 티끌을 떨어버리고" 그 곳을 떠나 이고니온으로 갔습니다(행 13:44-51).

통상적인 그리스도인의 의무는 다른 사람들을 인내하고 견디는 것이라야 합니다만, 만약 우리가 전도할 때에 그들이 개와 돼지처럼 고집스럽게 등을 돌리고 끝까지 반항한다면 어떻게 해야 합니까? 그들은 하나님의 은혜를 발밑에 짓밟으면서 그 복음을 값싸게 만들어 버리는 것입니다. 또한 우리도 해를 입게 될 것입니다. 우리는 아무에게도 신성을 모독하거나 저주할 기회를 주지 않도록 조심해야 합니다. 그러므로 그런 예외적인 상황에서는 그들과 계속 함께 갈 수는 없습니다. 우리는 전도를 하되 영적 분별력을 가지고 지혜롭게 하여야 한다는 것을 주님은 가르치고 계시는 것입니다. 그리스도인들은 전도를 무차별적으로 할 것이 아니라 영적 분별력을 가지고 해야 합니다.

4. 하나님 아버지에 대한 우리의 태도 (7-11절)

"하늘에 계신 우리 아버지께 구하라."

우리는 이 세상에서 살아가면서 불안과 염려를 느낍니다. 또한 우리에게 주어진 분별의 의무를 이행하기 위해서는 하나님의 은혜가 필요합니다. 이에 주님은 하나님 아버지께 "구하라 그리하면 너희에게 주실 것이요"(7절)라고 말씀하십니다. 이 얼마나 위로와 힘이 되는 말씀입니까! 주님은 몇 가지 은혜로운 약속을 주시면서 우리에게 기도하도록 권면하십니다. 주님은 '구하라', '찾으라', '문을 두드리라'고 말씀하십니다. 그리고 우리가 확신을 가지고 아버지께 나아가기를 권면하십니다. 그러면서 다음과 같은 9-11절의 비유로 자신의 약속을 예시하십니다.

"너희 중에 누가 아들이 떡을 달라 하는데 돌을 주며 생선을 달라 하는데 뱀을 줄 사람이 있겠느냐 너희가 악한 자라도 좋은 것으로 자식에게 줄 줄 알거든 하물며 하늘에 계신 너희 아버지께서 구하는 자에게 좋은 것으로 주시지 않겠느냐" 즉 하나님이 아빠, 아버지시며, 무한히 선하시고 인자하시다는 것을 기억하라는 것입니다.

우리가 기도할 때에는 우리의 간구의 대상인 하나님이 어떤 분인가를 정확히 아는 것이 매우 중요합니다. 가정에서 아버지가 자녀의 요청을 거절하지 않듯이, 하나님은 우리의 기도를 거절하시는 분이 아닙니다. 가정에서 아버지가 자녀의 요구를 응답하듯이, 우리의 아버지이신 하나님은 우리의 기도에 응답하시는 분이십니다. 하나님은 우리의 아버지이기에 우리에게 악한 것을 결코 주시지 않을 것입니다. "너희 중에 누가 아들이 떡을 달라 하는데 돌을 주며 생선을 달라 하는데 뱀을 줄 사람이 있겠느냐" 이것이 우리에게 대한 하나님의 태도입니다. 하나님은 그의 지혜에 따라 좋은 것으로 응답하시는 아버지이십니다.

주님은 또한 "하물며 하늘에 계신 너희 아버지께서 구하는 자에게 좋은 것으로 주시지 않겠느냐"라고 말씀하십니다. 여기 '좋은 것'이란 무엇입니까? 주님은 누가복음에서 그 해답을 주셨습니다. "너희가 악할지라도 좋은 것을 자식에게 줄 줄 알거든 하물며 너희 하늘 아버지께서 구하는 자에게 성령을 주시지 않겠느냐"(눅 11:13). 하나님은 예수를 믿는 자에게 하나님의 자녀의 특권을 주실 뿐만 아니라(요 1:12), 구하는 자에게 성령을 주심으로 모든 것을 채워주시는 셈입니다. 할렐루야!

그러므로 우리는 하나님이 약속하신 것들을 주실 수 있다는 것을 믿고 진정으로 구해야 합니다. 그러면 예수님의 자비로운 약속들이 실현될 것입니다. 이러한 확신을 가지고 계속 기도해야 합니다. 그런데 우리는 기도를 하지 않는 경우가 많습니다.

어느 여인이 극장에 전화하여 어젯밤에 영화를 보러 갔다가 진주 목걸이를 잊어버리고 왔는데, 그것은 값비싼 것이며 귀중한 보물이니 꼭 좀 찾아달라고 부탁했습니다. 이 전화를 받은 지배인은 잠시 기다려 달라고 말하고 금방 목걸이를 찾아 수화기를 들었습니다. 그러나 전화는 끊어져 있었습니다. 그리고 그 후 다시 전화가 오지도 않았습니다. 수많은 그리스도인의 기도도 이와 같을 때가 많습니다. 하나님께 간절히 간구하지만 빨리 해결되지 않으면 더 이상 기도하지 않는 것입니다.

본문에 '구하라, 찾으라, 문을 두드리라'는 명령어는 헬라어의 현재형으로 기록되어 있습니다. 헬라어의 현재형은 계속적인 진행을 표현하는 것입니다. 그러므로 우리는 하나님께 구하되 계속 구해야 합니다.

5. 그리스도인의 모든 사람에 대한 태도 (12절)

주님은 7장에서 다른 이들과의 관계를 언급하셨는데, 결론적으로 그 여러 상황에서 적용되어야 할 하나의 원리, 황금률을 말씀하셨습니다. "그러므로 무엇이든지 남에게 대접을 받고자 하는 대로 너희도 남을 대접하라"

바클레이는 황금률로 인해 산상수훈은 그 정점에 도달하였다고 했습니다. 주님의 이 말씀이야말로 사회윤리에 있어서의 최고봉(topmost peak of social ethics)이요, 모든 윤리교훈의 에베레스트(최고봉의 산)라 할 수 있습니다. 이 교훈이야말로 새로운 가르침이며, 삶과 사람의 의무에 있어 새로운 견해를 제시한 것입니다.[3]

이와 비슷한 윤리 교훈은 여러 군데에 있었습니다. 그러나 그것들은 모두 소극적이요 마지못해 하는 금언이었습니다. 예를 들어, 구약 외경에 "나 자신이 싫어할 만한 것을 어느 누구에게도 하지 말라"는 말이 나옵니다. 유명한 랍비 히렐은 "당신에게 싫은 일을 다른 어느 누구에게도 하지 마시오. 이것이 완전한 율법이요, 다른 것들은 모두 그것에 대한 주석일 뿐이요."라고 말했습니다.[4] 스토아학파(Stoics)에도 이런 말이 있습니다. "너에게 행해지기를 원치 않는 것을 어떤 다른 이에게 하지 말라." 공자도 "다른 사람들이 하지 않기를 바라는 것은 너도 다른 사람들에게 행

---

3) Barclay, 277.
4) 스토트, 272.

하지 말라"는 말을 했습니다. 불교의 찬미에도 이와 비슷한 말이 있습니다. [5]

그러나 이 모든 격언은 소극적인 형태로서 모든 윤리의 기초가 되고 있습니다. 그들은 모두 "다른 사람들이 하지 않기를 바라는 것은 너도 다른 사람들에게 행하지 말라."고 하였지, "무엇이든지 남에게 대접을 받고자 하는 대로 너희도 남을 대접하라"고 말하지 않았습니다.

주님의 가르침은 그들의 가르침과는 큰 차이가 있습니다. 그들의 소극적인 태도는 "하지 말라"는 것입니다. 그런 규칙의 소극적인 원리는 아무것도 하지 말라는 것에 지나지 않습니다. 무엇을 하지 않는다는 것은 어려운 일이 아닙니다. 이는 종교에 대해 아무 관심 없는 사람들의 태도입니다. 이들은 남을 해치는 일을 하지 않겠지만, 아무 것도 하지 않기에 결국 자기 동료들에게는 아무 쓸데없는 시민(useless citizen)이 되고 있는 것입니다.

그러나 이 원리가 적극적인 것이 될 때, 곧 "무엇이든지 남에게 대접을 받고자 하는 대로 너희도 남을 대접하라"고 할 때, 우리는 다른 사람에 대한 새로운 태도를 갖게 됩니다. 즉 다른 사람을 최선을 다하여 돕게 됩니다. 남을 사랑해야 합니다. "네 이웃을 네 자신 같이 사랑하라"는 계명을

5) Barclay, 278.

들게 됩니다. 이 때 우리의 태도는 법률적인 요청에 의해서가 아니라 사랑의 요청에 의하여 이웃을 대하게 됩니다. 이 때 우리는 무엇을 하지 않으려고 하는 것이 아니라 남을 위해 무엇을 하려고 애쓰게 됩니다.

이 황금률이야말로 그리스도의 사랑을 마음에 품은 사람의 윤리입니다. 이 윤리적 원리야말로 우리의 가정, 사회를 지배해야 할 원리입니다. 이 윤리적 원리는 너무나 광범위하게 적용되는 원리이기도 합니다. 그리하여 주님은 "이것이 율법이요 선지자니라"라고 하셨습니다.

우리는 이 황금률을 따라 살아야 합니다. 그러나 이 명령을 순종하기 위해서는 우리 모두가 그리스도 안에서 새 사람이 되어야 합니다.[6] 우리가 먼저 하나님을 사랑하지 않고서는 이웃을 내 자신과 같이 사랑할 수가 없습니다. 또한 우리가 예수 그리스도를 믿고 그의 보혈로 속량을 받고 성령의 인도를 받기 전에는 하나님을 먼저 사랑할 수가 없습니다. 그러므로 이 말씀의 실행에는 믿음이 있어야 합니다. 곧 사랑으로 역사하는 믿음입니다.

---

6) Barclay, 280-281.

넓은 길과 이리를 경계하라

마태복음 7장 13-20절

"좁은 문으로 들어가라 멸망으로 인도하는 문은 크고 그 길이 넓어 그리로 들어가는 자가 많고, 생명으로 인도하는 문은 좁고 길이 협착하여 찾는 자가 적음이라 거짓 선지자들을 삼가라 양의 옷을 입고 너희에게 나아오나 속에는 노략질하는 이리라 그들의 열매로 그들을 알지니 가시나무에서 포도를, 또는 엉겅퀴에서 무화과를 따겠느냐 이와 같이 좋은 나무마다 아름다운 열매를 맺고 못된 나무가 나쁜 열매를 맺나니 좋은 나무가 나쁜 열매를 맺을 수 없고 못된 나무가 아름다운 열매를 맺을 수 없느니라 아름다운 열매를 맺지 아니하는 나무마다 찍혀 불에 던져지느니라 이러므로 그들의 열매로 그들을 알리라"(마 7:13-20).

주님은 마태복음 7장 12절까지 산상설교의 가르침을 끝내셨습니다. 이제 산상설교를 적용하고 계십니다.

1. 사람은 살아가면서 선택을 해야 하는 기로에 직면합니다.

삶에서 만나는 선택의 순간에서 우리는 결단을 내려야 합니다. 위대한 사람은 선택의 순간을 접할 때마다 훌륭한 결단을 내렸습니다. 그래서 하나님은 주의 종들을 통하여 우리의 결단을 촉구하고 있습니다.

예를 들면, 모세도 생명과 사망의 길을 앞에 두고 신명기 30장 15-20절에서, 이스라엘 백성을 향하여 하나님 여호와를 사랑하고 그 모든 길로 행하며 그의 명령과 규례와 법도를 지키라고 하면서 백성들의 결단을 촉구했습니다.

여호수아도 여호수아 24장 15절에서 "만일 여호와를 섬기는 것이 너희에게 좋지 않게 보이거든 너희 조상들이 강 저쪽에서 섬기던 신들이든지 또는 너희가 거주하는 땅에 있는 아모리 족속의 신들이든지 너희가 섬길 자를 오늘 택하라"고 하면서 오직 여호와를 섬기라고 촉구했습니다.

하나님은 사람을 기계처럼 취급하시지 않고 인격자로 대하시기에, 모든 가능성을 마련하시고는 인간의 선택과 결단을 촉구하십니다. 산상수훈에서 여러 가지를 가르치신 우리 예수님이 우리의 결단을 촉구하고 계십니다. 좁은 문과 협착한 길을 택할 것인가? 아니면 넓은 문과 넓은 길을 택할 것인가를 결단해야 합니다. 그리고 주님은 좁은 문, 협착한 길을 택하라고 권면하십니다. 이 좁은 문과 협착한 길이 생명으로 인도하는 문이요 길이기 때문입니다.

2. 큰 문, 넓은 길을 경계하고, 좁은 문, 협착한 길을 택하라

(1) 많은 사람들이 큰 문, 넓은 길을 선호합니다.

이 넓은 길에는 도로 경계선도 없습니다. 따라서 이 길로 가는 사람은 아무 제약도 받지 않습니다. 그와 마찬가지로 인간의 삶에 있어서 큰 길로 가는 것에는 아무 제약도 없습니다. 넓은 길, 쉬운 길로 가는 것은 간단합니다. 우리가 가지고 가는 짐에도 제한이 없습니다. 그리하여 많은 사람들이 이러한 길을 택합니다. 그것이 멸망으로 인도하는 문임에도 불구하고 손쉬운 그 길로 갑니다. 정당한 방법으로 인내하면서 전념하는 것을 싫어합니다. 그러므로 그 결과는 멸망하게 됩니다.

돈을 벌어도 손쉬운 방법을 찾아 남을 속이면서 하려고 합니다. 뿐만 아니라 공부도 쉽게 하려고 합니다. 어떤 대학의 교수가 타 대학교에서 나온 논문을 표절하여 박사 학위를 받았습니다. 얼마 후 표절 사실이 발각되자 학위가 취소되고 몸담았던 대학 강단도 떠나야 했습니다.

결국 이러한 방법은 하나님의 법도를 외면하고 자기 이익만을 취하려는 세상적 방법이라고 할 수 있습니다. 훈육 없는 삶(undisciplined way), 또한 사려 깊지 못한 삶

(thoughtless way)을 택하는 것입니다. 요즘 너무나 많은 기독교인들이 넓은 길, 살기에 용이한 길을 선호하는 듯합니다. 참으로 염치가 없습니다. 십자가에 못 박혀 돌아가신 예수를 믿는다 하면서 자신들은 편안하게 잘 살려고만 애씁니다. 참된 기독교인이라면 복을 구하기 전에 그리스도의 고난의 십자가에 동참하려고 애써야 합니다.

그러므로 주님은 그렇게 살지 말라고 명령하시는 것입니다. 그 길은 결국 멸망으로 인도하는 길이기 때문입니다.

(2) 좁은 문, 협착한 길을 택하라.

주님은 들어가는 사람이 적고 문이 좁고 길이 협착할지라도 생명으로 인도하는 문이요 길이기에 그 길로 가라고 말씀하십니다.

협착한 길에는 경계선이 분명히 표시되어 있습니다. 한계 지어진 경계선과 제약이 있으므로 함부로 막 걸어가면 안 됩니다. 마찬가지로 이 길로 가는 삶은 세상의 흐름에 거슬러, 하나님의 계명에 따라 자기를 훈련하고, 인내하며 정도를 걷는 삶입니다. 진리와 정도를 따라, 자신을 훈련하며 걸어가는 삶입니다. 곧 주님이 가신 길입니다.

이러한 길로 이끄는 문은 좁습니다. 그러기에 이 문에 들어가려면 모든 것을 남겨 두고 가야 합니다. 죄와 이기적인 야망, 탐욕, 필요하다면 자기의 친구와 가족도 남겨두고 가야 합니다. 어느 누구도 먼저 자신을 부인하지 않고서는 그리스도를 따를 수 없기 때문입니다. 또한 이 문은 좁기에 여러 사람이 한꺼번에 같이 들어갈 수 없습니다. 한 사람씩 통과해야 되는 문입니다. 이 문은 예수 그리스도 자신입니다(요 10:9). 따라서 이 문은 예수 그리스도를 통하여만 들어갈 수 있는 문입니다.

결국 이 좁은 문을 통하여 협착한 길로 가는 길은, 주님을 따르는 길, 자기를 부인하고 자기 십자가를 지고 주님을 따르는 길입니다. 영원한 생명으로 이끄는 문입니다.[1] 그렇기 때문에 주님은 좁은 문으로 들어가고 협착한 길을 택하라고 명령하시는 것입니다. 누가복음에는 "좁은 문으로 들어가기를 힘쓰라"(눅 13:24)고 했습니다. 힘쓰라는 말은 '기를 쓰라'는 뜻입니다. 우리는 좁은 문으로 들어가기 위하여 기를 쓰는 굳은 결의와 함께 이것을 우리의 최고의 목적으로 삼고 나가야 합니다.

3. 거짓 선지자를 삼가라

내적으로 우리는 넓은 문으로 들어가려는 유혹을 받지만,

---

1) 스토트, 279-280.

또한 외적으로는 거짓 선지자들에 의하여 유혹을 받습니다. 그러므로 주님은 "거짓 선지자들을 삼가라"고 경고하셨습니다.

주님께서 이 말씀을 하신 것은 이 세상에는 거짓 선지자가 있다는 것을 알려 주신 것입니다. 구약시대에도 수많은 거짓 선지자들이 있었습니다. 그런데 예수님은 당시 바리새인과 사두개인들도 같은 견지에서 보신 듯합니다. 예수님은 그들을 '맹인으로 인도하는 맹인 지도자'라고 칭하셨습니다. 그러면 먼저 거짓 선지자는 누구이며, 둘째로 그들은 어떤 모습을 가지고 있으며, 셋째로 거짓 선지자들의 거짓됨을 구별해야 할 객관적인 진리의 기준은 무엇인가를 살펴보겠습니다.

위에서 주님은 넓은 길은 거짓된 길임을 지적하시면서 넓은 길을 경계하라고 하셨습니다. 그런데 거짓 예언자들은 우리에게 대부분의 사람들이 가고 있는 바로 그 넓은 길을 가도록 가르칩니다. 다른 말로 바꾸어 말하면, 거짓 선지자는 좁은 길로 가도록 가르치지 아니하는 자들입니다. 좀 더 구체적으로 말한다면, 주님이 지적하신 하늘로 가는 길은 곧 심령의 가난함, 온유, 거룩한 의욕, 하나님 사랑, 이웃 사랑, 의에 주리고 목마름 등인데, 거짓 선지자들은 이외의 다른 것들이 하늘가는 길이라고 가르치는 자들입니다.[2] 이들은 구원 문제를 모호하게 만들어 버립니다. 다시 말하면 이들은 자신들이 신적 영감을 받았다고 주장하지만, 실제로는 진리가 아닌 것을 전파하는 자들입니다.

주님은 그런 거짓 선지자들을 주의하라고 말씀하십니다. "거짓 선지자들을 삼가라 양의 옷을 입고 너희에게 나아오나 속에는 노략질 하는 이리라"(15절). 거짓 선지자들의 위험이 얼마나 무섭고 큰 것인지를 상기시키시는 말씀입니다. 그 당시 팔레스타인에서는 이리는 양들의 천적이었습니다. 풀을 뜯는 양은 이리에 대해 전혀 무방비 상태입니다. 이리가 양떼를 공격하면 양떼는 흩어지며, 이리에게 잡혀 물어뜯긴 양은 죽임을 당합니다. 이와 같이 거짓 선지자들은 교회를 소란스럽게 하며 분열시킵니다. 마침내는 생명을 빼앗아 갑니다.

거짓 선지자들은 위험한 것만이 아니라 사람들을 현혹시킵니다. 그들은 양의 탈을 쓰고 양떼 안에 몰래 들어오기 때문입니다. 주의하지 않으면 그들을 양으로 잘못 알고 환영하게 될 것입니다. 웨슬리가 말했듯이 그들은 가장 부드럽고 친숙한 태도로 옵니다. 그들은 독실한 종교인의 탈을

2) 웨슬리, 208.

쓰고 올 것입니다. 때로는 넘치는 사랑의 모습을 가지고 올 것입니다.[3] 때로는 석사, 박사의 학위를 내세우며 올 것입니다. 이 모든 것과 관련하여 주님은 '삼가라'라고 경고하셨습니다. 각별히 거짓 선지자들을 경계해야 합니다.

그러면 거짓 선지자들의 위장에도 불구하고 우리가 어떻게 그들의 진면목을 알아낼 수 있을까요? 주님께서는 우리가 그들의 정체를 알아낼 수 있는 표준을 가르쳐 주셨습니다. "너희는 그들이 맺은 열매로 그들을 알게 될 것이다"라는 말씀이 그것입니다. 주님은 열매로 확실하게 거짓 선지자를 식별하라고 가르치셨습니다.

어떤 나무도 자신의 정체를 오랫동안 숨길 수 없습니다. 나무는 조만간 열매를 맺으며 그것으로 자신의 정체를 드러내게 되어 있습니다. "좋은 나무가 나쁜 열매를 맺을 수 없고 못된 나무가 아름다운 열매를 맺을 수 없느니라"(마 7:18)고 하셨듯이, 나무가 자기의 열매를 위장하거나 부정할 수 없습니다. 그러므로 "그들의 열매로 그들을 알 수 있게 되는"(16, 20절) 것입니다.

그러면 그 열매들, 즉 분별의 표준들은 무엇입니까?

3) 웨슬리, 300-301.

거짓 선지자들이 드러내는 첫 번째 열매는 그들의 성품과 행동의 영역에 있습니다. 다시 말하면 그들이 모든 일에 거룩하며 무흠한가, 그들이 그리스도 안에 있는 마음을 가지고 있는가 입니다.[4] 사도 바울이 말씀하신 성령의 열매를 지니고 있어 그들이 그리스도의 온유함과 자비, 사랑, 인애, 인자함, 절제를 보이면 참 선지자요, 다른 한 편 이런 자질이 없고 '육신의 일'을 명백히 드러낸다면 거짓 선지자입니다.

두 번째 열매는 그들의 실제 가르침입니다. 우리들은 그들의 가르침을 시험해 보아야 합니다. 우리는 그들의 가르침이 원래 사도의 가르침과 조화를 이루는가를 보아야 합니다. 우리는 그들의 가르침이 그를 따르는 자들에게 어떤 영향을 끼치는지를 살펴보아야 합니다. 웨슬리는 그들의 말을 듣는 사람들이 결과적으로 그리스도 안에 있는 마음을 가지게 되었는지, 그리스도의 발자취를 따르고 있는지를 살펴보라고 합니다.[5]

"거짓 선지자들을 삼가라"고 하신 예수님의 경고는 오늘에 있어서도 경청해야 할 경고입니다. 오늘날 교회 안에 거짓 교리를 말하는 얼마나 많은 신학자들이 있습니까? 오늘

---

4) 위의 책, 302.
5) 웨슬리, 302.

우리는 주님의 경고가 모든 신자에게 주신 경고라는 것을 명심해야 합니다. 주님이 제시하신 표준에 따라 이단 사상을 가려내는 방법을 적용한다면 교회는 신학적 도덕적 혼란 상태에 빠지지 않을 것입니다.

그리스도인의 순종

마태복음 7장 21-27절

"나더러 주여 주여 하는 자마다 다 천국에 들어갈 것이 아니요 다만 하늘에 계신 내 아버지의 뜻대로 행하는 자라야 들어가리라 그 날에 많은 사람이 나더러 이르되 주여 주여 우리가 주의 이름으로 선지자 노릇하며 주의 이름으로 귀신을 쫓아내며 주의 이름으로 많은 권능을 행하지 아니하였나이까 하리니 그 때에 내가 그들에게 밝히 말하되 내가 너희를 도무지 알지 못하니 불법을 행하는 자들아 내게서 떠나가라 하리라 그러므로 누구든지 나의 이 말을 듣고 행하는 자는 그 집을 반석 위에 지은 지혜로운 사람 같으리니 비가 내리고 창수가 나고 바람이 불어 그 집에 부딪치되 무너지지 아니하나니 이는 주추를 반석 위에 놓은 까닭이요 나의 이 말을 듣고 행하지 아니하는 자는 그 집을 모래 위에 지은 어리석은 사람 같으리니 비가 내리고 창수가 나고 바람이 불어 그 집에 부딪치매 무너져 그 무너짐이 심하니라"(마 7:21-27).

산상설교에서 가르치심을 주신 예수님은, 우리가 마음과 뜻과 정성을 다하여 삶에서 그 가르침을 행하며 헌신하도록 명하십니다. 그러기 위하여 본문에서 주님은 우리의 위선을 경고하십니다.

첫째는 행함 없이 입술로만 신앙을 고백하는 것(21–23절)이며, 둘째는 듣기만 하는 것(24–27절)입니다. 이 두 가지 모두 순종을 위장하는 것일 뿐 온전한 순종이 아닙니다. 이에 주님은 철저한 순종을 명하시는 것입니다.

1. 말로만 하는 신앙의 위선 (21–23절)

예수님이 7장 21절에서 언급하시는 사람들은, 구원이 그리스도에 대해 말하는 것에 달려 있다고 믿은 사람들입니다.[1] 그리하여 그들은 예수님께 "주여, 주여" 합니다. 물론 주 예수 그리스도를 말로 고백하는 것은 필요합니다. 또한 그 누구도 성령으로 아니하고는 예수님을 주님이라고 고백하는 것이 불가능합니다(고전 12:3). 이런 그리스도인의 고백은 표면적으로는 나무랄 데가 없습니다. 주의 이름을 연달아 부르며 열렬히 고백하는 듯 보이는 자들은 또한 주께 고백하는 행동을 공개적으로 보여줍니다. 더 나아가 그들은 그리스도의 이름으로 선지자 노릇 하며 주의 이름으로 귀신을 쫓아내며 주의 이름으로 많은 권능을 행하였다고 합니다(23절). 이쯤 되면 그들을 나무랄 데가 어디 있겠습니까?

그런데 주님은 "내가 너희를 도무지 알지 못하니 불법을

1) 스토트, 295.

행하는 자들아 내게서 떠나가라 하리라"(23절)고 하십니다. 왜냐하면 그들은 그들이 말하는 것을 행하지 않기 때문입니다. 그들이 말로 하는 신앙고백에 도덕적 순종이 수반되지 않고 있기 때문입니다. 그들의 고백은 말로만 하는 것이기 때문입니다. 그들은 예수님을 "주여, 주여"라고 부르지만 주님의 주권에 복종하거나, 하나님 아버지의 뜻에 순종하지 않기 때문입니다. 요약해서 말하면, 그들의 고백은 실체 없는 고백인 것입니다.

우리들은 오늘날도 그런 신자를 많이 봅니다. 교회에서 사도신경으로 신앙을 고백합니다. 심지어 주님의 이름으로 여러 가지 사역을 행하기까지 합니다. 예수님을 주님이라고 부르면서 기도합니다. 주님을 공경하는 것처럼 보입니다. 하지만 예수님은 우리가 그저 입술로 하는 고백에 감명을 받지 않으십니다. 주님은 여전히 선한 순종의 행위로 그 고백의 진지함을 보일 것을 요구하십니다.[2]

2. 말씀을 듣고 행하는 자가 되라. (24-27절)

앞 단락에서 '말하는 것'과 '행하는 것'을 대조하시더니, 이제는 '듣는 것'과 '행하는 것'을 대조하시면서 듣는 것을

---

2) 스토트, 208.

행하라고 명령하십니다. 기독교 공동체의 일원인 그리스도인은 주님의 말씀을 듣습니다. 성경을 읽고, 설교를 듣곤 합니다. 그리하여 기독교에 대한 지식이 있습니다. 그렇다면 우리는 듣는 것을 행해야 합니다. 우리의 지식이라는 것은 그것이 행동으로 옮겨질 때에 그 적응성을 보이는 것입니다. 위의 두 가지를 종합한 것이 순종입니다.

예수님께서 산상수훈의 마지막 단락에서 역설하고 계시는 것은, 그 분의 말씀을 듣고 그 분에 대해 지적으로 아는 것이 절대로 순종의 대체물이 될 수 없다는 것입니다. 입술로 고백하는 것이 그러했듯이, 듣고 아는 것도 그 자체는 필수적인 것이지만 그렇다고 해서 순종을 대신할 수는 없습니다. 듣고 아는 것을 행해야 한다는 말씀입니다. 다른 말로 하면 우리가 고백하는 예수님이 실제로 우리 삶의 주님이라야 한다는 말씀입니다.

신약성서 전체가 가르치고 있듯이, 우리의 구원은 하나님의 은혜로 인하여 우리의 믿음을 통하여 받습니다. 여기서 이것을 부정하는 것은 아닙니다. 그러나 복음을 듣고 구원받아 신앙을 고백하는 사람들은 언제나 예수님께 순종하고 행동으로 믿음을 표현하라는 것이 바로 주님의 강조점입니다.[3] 야고보도 말하기를, "너희는 말씀을 행하는 자가 되고 듣기만 하여 자신을 속이는 자가 되지 말라"(약 1:22)라고 했습니다.

다른 방식으로 생각해보면, 행동이 따르지 않는 믿음이 과연 순수한 믿음일까 하는 질문이 가능합니다. 순수한 믿음이 아니고서는 구원을 받지 못합니다. 이에 야고보는 "내 형제들아 만일 사람이 믿음이 있노라 하고 행함이 없으면 무슨 유익이 있으리요 그 믿음이 능히 자기를 구원하겠느냐"(약 2:14)라고 말합니다. 주님도 말씀하십니다. "나의 이 말을 듣고 행하지 아니하는 자는 그 집을 모래 위에 지은 어리석은 사람 같으리니 비가 내리고 창수가 나고 바람이 불어 그 집에 부딪치매 무너져 그 무너짐이 심하니라"(26-27절). 즉 행동이 따르지 않는 믿음은 불완전합니다. 그래서 실족할 수 있습니다.

이에 주님은 말씀하십니다. "나더러 주여 주여 하는 자마다 다 천국에 들어갈 것이 아니요 다만 하늘에 계신 내 아버지의 뜻대로 행하는 자라야 들어가리라"(21절), "불법을 행하는 자들아 내게서 떠나라"(23절).

그러나 순수하고 확실한 믿음은 그 고백대로 행동이 따르

---

3) 스토트, 300.

는 믿음입니다. 그는 흔들리지 않고 견고합니다. 주님은 말씀하십니다.

"누구든지 나의 이 말을 듣고 행하는 자는 그 집을 반석 위에 지은 지혜로운 사람 같으리니 비가 내리고 창수가 나고 바람이 불어 그 집에 부딪치되 무너지지 아니하나니 이는 주추를 반석 위에 놓은 까닭이요"(24-25절).

오늘날 한국교회에서 교인들이 말하는 신앙과 그들의 행동이 너무나 다르기 때문에, 교회가 사회에서 비난을 받고 신임을 잃어가는 오늘의 상황에서, 여기에서 주시는 예수님의 경고는 참으로 적절합니다. 진정 우리는 아는 것과 말하는 것을 행하는 그리스도인이 되어야 하겠습니다.

산상수훈 (29)

산상수훈의 권위

마태복음 7장 28-29절

"예수께서 이 말씀을 마치시매 무리들이 그의 가르치심에 놀라니 이는
그 가르치시는 것이 권위 있는 자와 같고 그들의 서기관들과 같지 아니
함일러라"(마 7:28-29).

우리는 마태복음 7장 마지막 두 절에서, 산상설교를 하신
예수님께 주의를 돌리게 됩니다. 예수님의 말씀을 들은 무
리들이 놀랐습니다. 무리들이 예수님으로부터 받은 인상은
말씀하신 예수님이 비범한 권위를 가지고 있다는 것이었습
니다. 예수님은 당시 율법 교사인 서기관들과 같지 아니하
였습니다.

그러면 무엇이 그들을 놀라게 했습니까?

첫째로, 예수님께서 말씀하실 때 그의 말씀은 일반 율법

학자들의 말과는 다르게 권위가 있었습니다. 일반적 율법학자들의 말의 특징은 언제나 권위자들의 말을 인용하는 것뿐이었고 독자적인 것이 없었습니다. 그들은 그저 모세에게 주어진 여러 가지 율법을 해석할 뿐이었습니다. 이에 반하여 예수님의 말씀에는 독창성이 있었습니다. 곧 주님은 항상 "누가 이렇게 말했다"가 아니라 "나는 너희에게 이르노니"라고 말씀하셨습니다. 또는 "옛 사람에게 말한 바 … 그러나 나는 너희에게 이르노니"라고 말씀하셨습니다. 예수님의 말씀에는 확신과 권위가 있었습니다. 다시 말하면, 예수님은 자기를 율법 수여자로서 드러내셨던 것이며, 그러한 입장을 가지고 주저 없이 확언하셨던 것입니다. 이는 주님이 다음과 같이 말씀하시는 데서 잘 드러나고 있습니다.

"나의 이 말을 듣고 행하는 자는"(마 7:24).

"나로 말미암아 너희를 욕하고 박해하고 거짓으로 너희를 거슬러 모든 악한 말을 할 때에는 너희에게 복이 있나니"(마 5:11).

"나와 아버지는 하나이니라"(요 10:30).

주님은 또한 자신이 심판자인 것을 암시하셨습니다(마 7:23 참조).

그러므로 예수님의 가르침은 서기관들의 가르침과는 다

르며, 놀라운 권위가 있었던 것입니다.

　산상수훈의 권위는 바로 이러한 예수님의 권위에서 온 것입니다. 그리고 말씀 속에 담긴 주님의 권위는 오늘 우리에게 엄숙한 도전과 명령으로 임합니다. 주님은 이 산상수훈을 실천으로 옮기라고 명령하십니다.